Chère Alex

Je me permets de t'adresser ce roman car tu es une des rares personnes qui ont vraiment compté dans ma vie.

Je sais qu'on s'est souvent vraiment compris même si la vie a fait que nos chemins ne se sont que trop rarement croisés.

Je t'embrasse et j'ai hâte de découvrir tes nouvelles oeuvres....

Laurent

DE LA MÊME AUTRICE

LE CRIEUR DE NUIT, Gallimard, 2010 (prix Roger-Nimier), Folio, 2011.

MOMENT D'UN COUPLE, Gallimard, 2013 (prix Interallié), Folio, 2015.

LA VIE QUE TU T'ÉTAIS IMAGINÉE, Gallimard, 2020, Folio, 2021.

LA MANIF

NELLY ALARD

LA MANIF

nrf

GALLIMARD

À l'exception de celui de Romain,
les noms de tous les personnages ont été changés.

PREMIÈRE PARTIE

1

Jeudi 26 mai 2016 – cap Ferret

Agnès se souvient que ce soir-là, la veille de leur départ, ils avaient décidé d'aller manger des huîtres sur le port. Et qu'au restaurant, ils s'étaient disputés.

Elle ne sait plus pourquoi. Sans doute au sujet de cette maison, que Gilles s'était soudain mis en tête qu'il fallait vendre, ou louer, tandis qu'Agnès ne voulait pas en entendre parler. Toujours est-il qu'ils étaient rentrés à pied sans échanger un mot et qu'une fois arrivés, au lieu de se vautrer devant la télévision du salon pour regarder les nouvelles, Gilles était monté sur la mezzanine qui lui servait de bureau où depuis, il faisait la tête.

La disparition de Stéphanie, quelques semaines plus tôt, l'avait changé. Gilles dormait mal, s'énervait pour un rien et voyait tout en noir. Stéphanie était morte dans son sommeil d'un arrêt cardiaque. Son compagnon l'avait trouvée inanimée à ses côtés au matin, avait appelé le SAMU – trop tard. Gilles ne s'en était toujours pas remis. Outre une amie, il avait perdu en Stéphanie une partenaire de travail, sa première lectrice. Elle était scénariste et réalisatrice comme lui, et depuis des années ils discutaient ensemble de leurs projets respectifs à tous les stades, échangeant avis et critiques, s'encourageant ou se décourageant sans aucune complaisance. Sans elle, il n'arrivait plus à écrire.

À cela s'était ajouté l'arrêt de deux projets après des mois de développement – mais c'était la routine dans ce métier –, et Gilles avait commencé à dire qu'ils n'avaient pas les moyens de posséder une maison au cap Ferret aujourd'hui, que payer l'impôt sur la fortune quand on était comme eux intermittent du spectacle et sage-femme dans le public n'avait pas de sens. Les impôts avaient englouti cette année l'intégralité de ses indemnités de chômage, c'était bien la preuve que quelque chose ne tournait pas rond – qu'ils allaient bientôt se retrouver dans la situation du célèbre paysan de l'île de Ré...

Agnès l'avait interrompu.
— Ah, je l'attendais celui-là.

Et qu'il devenait urgent, avait continué Gilles, l'âge de la retraite approchant, d'anticiper le moment où ils allaient de toute manière être obligés de vendre, au lieu de le faire en catastrophe.

Évidemment, il avait raison. Depuis qu'ils avaient acheté cette maison vingt ans auparavant à côté de celle que possédait déjà le père de Gilles, sa valeur avait plus que triplé, et continuait d'augmenter de manière tout à fait déraisonnable. Le père de Gilles, en homme d'affaires avisé, en avait tiré les conclusions et vendu la sienne trois ans plus tôt au prix fort, profitant de la culbute pour en acheter une deux fois plus grande en Bretagne, dont la valeur ne cessait de croître. Voilà ce que c'est, pensait Agnès, d'être un businessman-né. On se fait de l'argent facilement, par accident, sans y penser ou presque, c'est une seconde nature. Sauf que l'argent, Agnès, ce n'était pas son truc, et qu'elle trouvait les inquiétudes de Gilles assez indécentes au regard de ce que vivaient tant d'autres gens, ici ou ailleurs. Après tout, sauf événement improbable qui affecterait la planète entière, guerre, pandémie ou autre météorite leur tombant sur la tête, jamais, c'était certain, ni eux ni leurs enfants ne mourraient de faim.

— Nous peut-être, l'avait interrompue Gilles à son tour, nos enfants c'est moins sûr.

Soit. Leurs enfants, il est vrai, n'étaient pas encore sortis d'affaire. À part l'aînée, Clotilde, devenue obstétricienne après de longues études et qui, ayant choisi comme sa mère le service public, gagnait à présent correctement sa vie, les deux autres se cherchaient encore. Mais contrairement à Gilles, Agnès était d'un tempérament optimiste. Gilles avait déjà connu des passages à vide, et en connaîtrait d'autres. Cela finissait toujours par s'arranger. Quant à la retraite, c'était pour Gilles comme pour tout artiste une notion très abstraite, et il n'arrêterait sûrement pas de bosser de sitôt. Elle-même, qui adorait son métier, avait beaucoup hésité à faire valoir ses droits à une retraite anticipée quatre ans plus tôt, lorsque la maternité dans laquelle elle avait exercé toute sa vie avait fermé pour fusionner avec l'hôpital public de Sèvres. Elle ne s'y était décidée qu'afin de se rendre plus disponible pour aider Clotilde qui, au même moment, était tombée enceinte de son premier enfant. Quoi qu'en dise Gilles, cela n'avait pas changé grand-chose à leur situation matérielle, mais avait permis à Agnès de profiter encore plus de cet endroit devenu certes hors de prix mais qui n'en restait pas moins, au printemps surtout, un paradis, de cette maison où elle avait tant de souvenirs, et de ses baignades quasi quotidiennes dans l'océan, dont elle ne pouvait plus se passer.

(Entre Agnès et l'océan, c'est une histoire d'amour. Les Américains ne disent-ils pas « *sweep you off your feet* » pour « vous rendre fou amoureux »? C'est exactement ce qui se répète chaque jour entre l'océan et elle. À peine a-t-elle fait un pas dans l'eau qu'une vague plus grosse que les autres dérobe le sable sous ses pieds, lui fait perdre l'équilibre et l'entraîne, comme un danseur vous entraîne sur la piste. Pas le temps d'hésiter ni de faire sa timide, l'océan l'a déjà avalée, la malmène, elle en sort lessivée c'est le mot, nettoyée de tout et elle adore ça, cette brutalité. Elle n'a pas peur, elle est bonne nageuse. Il suffit de retenir sa respiration et de se laisser aller, d'attendre le moment propice pour la reprendre, c'est à la fois un exercice de contrôle et de lâcher-prise, un peu comme les exercices de préparation à l'accouchement qu'elle a enseignés si longtemps, ou le yoga qu'elle aime faire tôt le matin, au soleil levant, sur la terrasse de cette maison justement.)

Donc c'est non. On peut parler d'autre chose?

Apparemment, on ne peut pas.

Fin de la discussion et retour en silence.

À présent, debout sur la terrasse, Agnès savourait la tranquillité du soir. De leur maison, l'océan était invisible mais on en devinait sans peine la présence toute proche, à l'odeur iodée de l'air, aux cris des mouettes qui maintenant s'étaient tues, et les jours de tempête au fracas des vagues qui s'écrasaient sur le sable.

Elle regarda sa montre : 21 h 38. La nuit était tombée et instantanément, l'air s'était rafraîchi. Elle jeta un dernier coup d'œil autour d'elle afin de vérifier que rien n'était resté traîner sur la terrasse, ramassa une paire de baskets oubliée par Gilles sous un fauteuil de jardin, puis elle rentra dans la maison. Un pied sur l'escalier de la mezzanine, elle hésita entre monter voir Gilles pour faire la paix avec lui – sur le plan émotionnel ou du rapport de forces, après trente ans de mariage, une dispute de ce genre ne représente aucun enjeu majeur, il n'en sort ni vainqueur ni vaincu, c'est presque la routine – et allumer la télévision pour avoir les dernières nouvelles des affrontements parisiens.

Depuis plusieurs semaines, les manifestations contre la loi Travail mettaient la capitale à feu et à sang. Tout l'après-midi, des images de violence, presque de guerre, avaient défilé aux infos, et lorsqu'ils avaient éteint le poste pour aller au restaurant, ça chauffait encore sérieusement. Les black blocs et les flics se balançaient des projectiles dans tous les sens, et Gilles avait dit que c'était bizarre, qu'on avait l'impression que les flics laissaient faire, comme si les forces de l'ordre avaient pour consigne d'instrumentaliser la violence, afin de discréditer les manifestants. Agnès ne pouvait concevoir qu'un gouvernement de gauche se prête à des calculs aussi sordides. Néanmoins, elle n'avait pu se défaire elle non plus, en regardant ces images, de l'impression étrange que les choses ne se déroulaient pas exactement comme elles l'auraient dû. La veille, Clotilde leur avait raconté qu'à côté de l'hôpital Necker où elle se trouvait ce jour-là, une manifestation jusque-là pacifique avait dégénéré de manière tout à fait incompréhensible, qu'il y avait eu soudain des blessés partout...

Et c'est drôle, juste au moment où elle pense à Clotilde, voilà que son nom s'affiche sur le téléphone d'Agnès, et le temps d'une microseconde elle s'émerveille de cette coïncidence, avant de s'étonner, durant la microseconde qui suit, d'un appel aussi tardif alors qu'elles se sont parlé la veille, et d'avoir comme un pressentiment.

Elle décroche, entend Clotilde dire : Maman, et elle sait que quelque chose de grave est arrivé.

2

Jeudi 26 mai 2016, 20 h 15 – Paris 15e

En fait, on peut, se dit Clotilde, en cherchant parmi les livres de sa fille celui qu'elle va lui lirc cc soir.

On pense que c'est impossible, enchaîner une journée de travail après vingt-quatre heures de garde et ne rentrer chez soi qu'à dix-sept heures le jeudi soir alors qu'on a pris son service à l'hôpital le mercredi matin à huit heures, avec des enfants en bas âge de surcroît qui vous attendent à la maison.

Eh bien, on a tort.

C'est possible, elle en est la preuve.

L'être humain a décidément des ressources insoupçonnées.

Bien sûr ce n'est pas tout à fait légal, il existe ce qu'on appelle pour les médecins le « repos de sécurité », qui devrait en théorie être respecté, mais ce n'est pas le moment, alors qu'elle vient juste de devenir chef de clinique de gynécologie obstétrique à l'hôpital Dumouriez, de chipoter sur ses heures. On lui a déjà fait une fleur en lui permettant de commencer son clinicat en mars – les clinicats débutent traditionnellement au mois de novembre –, afin qu'elle puisse accoucher de son deuxième enfant en décembre, et on lui a bien fait comprendre qu'on était au maximum des aménagements possibles, qu'on ne pourrait rien faire de plus.

Le clinicat, on l'a prévenue, c'est le bagne. Il faut tout donner.

Clotilde donne tout.

Elle enchaîne les gardes, les cours à la fac et les heures de présence dans le service dont elle a la charge sans moufter. Trente heures de boulot d'affilée, c'est devenu pour elle la routine.

Quand c'est possible, elle essaie de s'allonger un peu le matin, mais ce jour-là elle n'avait pas arrêté, et sachant d'expérience que si elle se couchait à dix-sept ou dix-huit heures elle risquait de se réveiller au milieu de la nuit, elle avait préféré tenir le coup, profiter un peu des enfants, et se mettre au lit aussitôt après eux.

Pour couronner le tout, Sandro, son compagnon – ils ne sont pas mariés, ce qui au début ne la dérangeait pas du tout, mais avec le temps lui fait un pincement au cœur –, Sandro donc est absent, comme souvent. Médecin lui aussi, spécialiste de la PMA, il participe à de nombreux colloques, et ce jour-là pas de bol il est en congrès à Bordeaux.

Même ça, ça ne lui pose pas de problème, elle a l'habitude.

Elle gère.

Enzo, le bébé, dort déjà, et Clotilde s'apprête à se mettre au lit avec sa fille – c'est son petit privilège, à Chiara, quand son père est de garde ou en congrès, de dormir avec sa mère – quand elle voit un numéro inconnu s'afficher sur son portable. Et bizarrement, elle décide de décrocher. Bizarrcmcnt, car Clotildc nc fait pas partic dc ccs gcns qui sont constamment rivés à leur portable, elle n'est que très peu présente sur les réseaux sociaux, ni branchée ni connectée. Son luxe à elle, en dehors du boulot, quand elle n'est pas d'astreinte, c'est de ne pas répondre au téléphone, d'être injoignable. Donc typiquement, un appel d'un numéro fixe inconnu à 20 h 15 alors qu'elle sort de garde, elle ne décroche pas.

Et pourtant, ce soir-là, elle décroche.

Et la voix – féminine – au bout du fil demande si elle est bien Clotilde D., la sœur de Romain D., et elle se dit ouh là.

Ouh là, ou quelque chose d'approchant, c'est la pensée informe, si on peut appeler ça une pensée, qui lui vient en tête à ce moment-là.

Ou aïe.

Bref, ce n'est pas une pensée élaborée, c'est une onomatopée permettant de réagir à un éventail très large de situations de gravité variable, n'ayant de commun entre elles que d'être toutes plus ou moins problématiques. (Romain, elle le sait, peut se mettre dans toutes sortes d'embrouilles. Il peut disparaître, être injoignable pendant des jours. Se bagarrer. En tant que grande sœur, elle s'est toujours sentie aux aguets. Elle a toujours eu peur qu'il lui arrive quelque chose. Au fond, tout au fond d'elle, elle n'est pas surprise.)

Puis la femme se présente comme réanimatrice de la Grande Garde de neurochirurgie de Paris et la pensée de Clotilde se précise, l'éventail se resserre et son cœur avec – son cœur, simultanément, s'affole. La Grande Garde, elle sait ce que c'est. Un système répartissant entre six ou sept hôpitaux de la région parisienne les urgences neurochirurgicales. En tant qu'externe, elle a travaillé plusieurs semaines au dispatching de la Grande Garde de neurochir, il y a quelques années. Son boulot consistait à prendre les appels, à les trier, un peu comme la régulation du SAMU, puis à en référer à un chef et quand il s'agissait de choses très graves, traumatismes crâniens AVC ce genre de choses, à orienter les blessés vers le bon hôpital afin qu'ils soient envoyés directement au bloc. Puis, toujours en tant qu'externe, elle les a vus passer, au bloc, les cas envoyés par la Grande Garde, ce sont toujours des cas très graves.

— Écoutez, je sais que vous êtes médecin, votre frère a donné votre numéro, c'est pour ça que je vous appelle. Il a eu un accident au cours d'une manifestation.

Un temps ; le temps pour Clotilde de penser : une manifestation – mais Romain n'a jamais manifesté de sa vie – qu'est-ce qu'il faisait dans une manifestation ; et son interlocutrice continue : Il est dans le coma, il va sûrement être opéré ce soir, est-ce que vous pouvez venir.

En toute logique, la réponse à cette question est non, elle ne peut pas, parce qu'elle a un bébé de six mois endormi et une petite fille de quatre ans qu'elle ne peut pas laisser seuls, et personne sous la main pour les garder. Mais Clotilde a l'habitude des urgences, il faut sans cesse s'adapter, improviser, trouver des solutions. Donc Clotilde d'une voix calme dit qu'elle arrive, raccroche, et se met à trembler. Sa petite fille la regarde et demande :

— Qu'est-ce qui se passe ?

Elle répond :

— Romain est à l'hôpital, il faut que j'y aille.

Car il ne faut jamais mentir aux enfants, ou seulement par omission, parfois, à la limite. Son rôle de mère est d'être rassurante, d'avoir réponse à tout, aussi ne dit-elle rien à Chiara de l'affolement qui est le sien à cet instant, elle s'interdit absolument de lui laisser voir son désarroi, c'est comme avec les patients, on doit toujours faire semblant d'avoir la situation en main. Il n'y a qu'à Sandro qu'elle puisse avouer qu'elle ne sait pas quoi faire, qu'elle se sent démunie, paralysée.

Alors elle appelle Sandro.

Les autres accusent souvent Clotilde de froideur – elle le sait et trouve cela injuste, comme s'il n'était pas assez évident qu'elle est aussi sensible qu'une autre, plus sensible que beaucoup, même – simplement parce qu'elle sait se contrôler et ne s'effondre pas au premier choc. Sandro, lui, la connaît, la comprend. Et le simple fait de l'avoir au bout du fil lui permet, comme par magie, d'entrevoir la solution. Avant qu'il ait pu dire un mot, elle a pensé à Zoé, qui est une de ses meilleures amies, qui habite aussi dans le 15ᵉ arrondissement, non loin de chez eux, et qui connaît très bien Chiara et Enzo. Zoé qui par ailleurs se marie samedi, c'est-à-dire le surlendemain, et qui a sûrement autre chose à faire que de garder ses enfants, mais bon, ce n'est pas comme si Clotilde avait le choix.

À peine a-t-elle fini sa conversation avec Sandro qu'elle appelle donc Zoé pour lui expliquer la situation, et Zoé comme elle s'y attendait dit que oui, bien sûr, Clotilde peut déposer Chiara et Enzo chez elle pour la nuit. Clotilde réveille alors son bébé de six mois, le cale sur son épaule dans sa gigoteuse, prend sa petite fille par la main et enfourne tout ce petit monde dans sa voiture, direction chez Zoé, qui en plus d'être une amie est aussi médecin anesthésiste, et que Clotilde a la surprise de trouver prête à partir lorsqu'elle arrive, insistant pour l'accompagner pendant que son mari couche les enfants, ce qui est une belle preuve d'amitié et une très bonne idée parce qu'ainsi Clotilde peut la laisser conduire pour passer des coups de fil sur le chemin de l'hôpital, et enfin appeler ses parents.

3

À l'instant où sa fille dit « Maman », Agnès sait que quelque chose ne va pas. Clotilde ne l'appelle jamais « Maman ». En tout cas plus depuis très longtemps. Depuis plusieurs années, Clotilde appelle sa mère « Agnès », ou « Jo », comme Sandro, comme Chiara qui l'appelle parfois « Mamie Jo », comme Enzo quand il sera en âge de parler. Pourquoi « Jo » ? Personne ne sait. Au départ, c'était sûrement une blague de Sandro et puis, Agnès ne s'en formalisant pas – sans doute s'en était-elle même amusée –, c'est resté. Agnès aime beaucoup Sandro, c'est un Italien exubérant, chaleureux, tactile, tout le contraire de Clotilde en quelque sorte. Agnès a beau aimer Clotilde tendrement et l'admirer énormément, sa fille l'impressionne, la met souvent mal à l'aise et parfois même, lui fait un peu peur.

— Romain a eu un accident. La Grande Garde de Paris vient de m'appeler, il est dans le coma, je suis en route.

— Un accident ? Mais de quoi ?

— Je sais pas. J'ai pas compris. Apparemment il était dans la manif.

Agnès éprouve le même sentiment d'incrédulité que Clotilde tout à l'heure.

Romain, manif, les deux mots ne vont pas ensemble. Au jeu de Codenames, on chercherait en vain un mot qui les relie. Romain, sans être apolitique, est trop indépendant pour se mêler à la masse, il préfère toujours observer, rester en marge. À vingt-huit ans, il ne vit évidemment pas exactement « en bon père de famille », comme il s'y est engagé en se marrant lorsqu'il a signé le bail de son studio trois ans plus tôt, peu avant que l'expression ne disparaisse officiellement du Code civil, mais Agnès ne peut pas l'imaginer, non plus que ses deux filles, au milieu des affrontements qu'elle a vus tout à l'heure à la télé.

Elle revoit mentalement les images des journaux télévisés, les black blocs, les flics, et répète, livide :

— Dans la manif?

Et, ignorant que Clotilde s'est étonnée de la même manière un peu plus tôt, elle croit entendre dans la voix de sa fille une note d'impatience, voire d'agacement, lorsque celle-ci répond :

— Écoute, je n'en sais pas plus, mais c'est très grave, il est dans le coma, il faut que vous rentriez tout de suite.

De sorte qu'Agnès se sent aussitôt stupide et même coupable d'avoir perdu ne serait-ce qu'une demi-seconde à s'étonner de la présence de son fils dans une manif alors qu'il va peut-être mourir, c'est une question si accessoire, sans importance, futile, un détail dont tout le monde se fout, personne ne sait comme Clotilde lui donner ce sentiment d'être à côté de la plaque. Tout juste si elle ne s'excuserait pas d'avoir réagi ainsi quand Clotilde la coupe en disant : Je te rappelle quand je suis là-bas, avant de raccrocher.

En moins d'une minute la température de la pièce a baissé de vingt degrés, Agnès est envahie par le froid, elle claque des dents. Gilles qui l'a entendue parler au téléphone est apparu en haut de la mezzanine. Il s'arrête dans l'escalier en la voyant figée sur place, glacée, en oublie qu'ils ne s'adressent pas la parole depuis plus d'une heure et demande :

— Qu'est-ce qui se passe ? C'était qui ?

Agnès répond, répète ce que vient de lui dire leur fille et après Clotilde, après Agnès, Gilles sonné répète ces mots qui semblent ricocher de l'un à l'autre, rencontrant chez chacun la même incompréhension : Romain ? À la manif ?

À tous, cela paraît absurde.

Que Romain soit dans le coma à la suite d'un accident de la circulation, soit, d'une bagarre, pourquoi pas, agressé par un chien, peut-être, mais dans une manif ?

Cela n'a pas de sens.

Agnès et Gilles se regardent un instant, hébétés, immobiles, comme un film qu'on aurait mis sur pause, avant de se dire dans un sursaut il faut partir tout de suite, il faut fermer la maison. Alors ils commencent à s'agiter en tous sens comme les personnages d'un dessin animé un peu foutraque en accéléré, Agnès entreprend de fermer les volets, elle essaie de mettre la barre de bois, elle n'y arrive pas tellement elle se sent vidée, sans force, Gilles doit venir à sa rescousse, et quelques minutes plus tard tous deux sont dans la voiture, filant vers l'aéroport avec l'espoir – qu'ils savent mince – de réussir à embarquer dans le dernier avion pour Paris.

Tandis que Gilles conduit, Agnès tient toujours son portable à la main, bien serré, tout en regardant l'aiguille du compteur dépasser allègrement les 120 km/h sur la petite départementale – globalement rectiligne il est vrai – qui va du cap Ferret à Bordeaux. Lorsque son téléphone se met à vrombir et qu'Agnès voit le nom de Clotilde s'afficher sur l'écran, la vibration se communique à tout son corps, dégénère en tremblement, et elle laisse passer plusieurs longues secondes avant de décrocher. Elle pense ça y est c'est fini. Clotilde va nous dire que Romain est mort, et si Gilles apprend que son fils est mort alors qu'il conduit à 130 à l'heure c'est fini pour nous aussi, il y aura deux morts de plus, on sera tous morts, alors elle hésite, forcément, parce que c'est tentant, mais pendant ce temps Gilles hurle :

— Qu'est-ce que tu fous, putain ? Décroche !

Alors elle lui dit :

— Gare-toi.

Et Gilles furieux obéit. Il freine si brutalement qu'elle est projetée en avant et que seule la ceinture de sécurité l'empêche de passer à travers le pare-brise. Gilles se range sur le bas-côté, coupe le contact, et alors seulement Agnès se décide à décrocher.

Clotilde, d'un ton calme et posé, leur annonce qu'elle est à l'hôpital et ne sait pas grand-chose de plus, que Romain va sans doute être opéré et qu'elle les tiendra au courant mais dès les premiers mots Agnès a cessé de l'écouter : rien n'existe plus pour elle désormais que le présent, à cette seconde Romain est toujours vivant, c'est tout ce qu'elle a entendu et c'est un tel soulagement que c'est presque une bonne nouvelle, c'est presque le cœur léger qu'ils reprennent leur route vers l'aéroport de Bordeaux.

4

Pour aller du 15e arrondissement à l'hôpital, il leur faut traverser tout Paris mais à cette heure-là, ça roule bien. Les manifestations sont dispersées depuis longtemps, et au bout d'une vingtaine de minutes Clotilde et Zoé approchent déjà de l'hôpital.

Clotilde raccroche après sa conversation avec Agnès et reste un instant silencieuse, pensive. Zoé lui jette un regard en coin mais ne pose pas de question. D'ailleurs, ça ne servirait à rien. Même à Zoé, Clotilde n'avouera jamais qu'elle s'en veut.

Elle se reproche d'avoir été trop froide avec sa mère, se dit qu'elle aurait dû prendre plus de précautions avant de lui asséner la nouvelle, ou plus de temps après, pour la serrer vocalement dans ses bras. Mais le temps pressait si ses parents voulaient attraper le dernier avion, ce n'était pas le moment de faire des détours, ni d'épiloguer.

N'empêche.
Elle s'en veut.

Elle a senti sa mère vaciller sous le choc, elle se demande si elle n'a pas été brutale. Mais c'est plus fort qu'elle. Même si elle adore sa mère, c'est ainsi que les rôles ont été distribués une fois pour toutes au sein de sa famille, on n'y peut rien. Dans son métier, elle a pourtant l'habitude d'annoncer de mauvaises nouvelles, et elle le fait avec infiniment de douceur et de tact, d'empathie, tous ses patients le reconnaissent. Mais dans le contexte familial, le rôle qui lui a été attribué reprend le dessus : Clotilde est la femme de tête organisée, rationnelle, celle qui prend les décisions, qui assure, tandis que Judith, Romain, et même Gilles dans une moindre mesure, sont les hyperémotifs, les artistes, et que sa mère incarne le parfait équilibre entre la sagesse et l'empathie, la joie de vivre et le sens pratique. Tout le monde aime Agnès, même Sandro, surtout Sandro – Clotilde en serait presque jalouse, parfois.

C'est grâce à Agnès que Sandro et elle se sont rencontrés, alors que Clotilde était en fin de première année de médecine. Elle avait pris un petit boulot d'été à l'hôpital de Sèvres où travaillait sa mère, et comme elle s'interrogeait encore sur la spécialité qu'elle choisirait, Agnès lui avait proposé d'assister à un accouchement. C'est dans la salle de naissance, à trois heures du matin, que Clotilde avait, simultanément, découvert sa vocation et rencontré l'homme de sa vie, en la personne de l'interne appelé en urgence pour pratiquer une césarienne. Elle était tombée aussitôt amoureuse, follement, n'avait plus cessé de penser à lui, au point de ne plus en dormir la nuit, au point pour la première fois de sa vie de faire le premier pas avec un garçon, en demandant à sa mère quelques jours plus tard, toute honte bue, de passer à Sandro un message dans lequel elle proposait de le revoir. Lui avait été d'abord amusé, puis flatté, avant de tomber sous le charme de cette jolie blonde au long visage pâle et aux traits fins, de cette bosseuse acharnée, hyper douée, qui se donnait tant de mal pour paraître dure, ému par sa fragilité, qu'elle masquait si mal sous une carapace qu'il était le seul à savoir fendre. Rapidement ils avaient emménagé ensemble, avaient sagement attendu que Clotilde ait fini l'externat pour avoir leur premier enfant, c'était le désir de Clotilde avant tout mais Sandro ne pouvait rien lui refuser. La seule chose sur laquelle il n'avait pas cédé était le mariage, là-dessus il était resté ferme, mais pour le reste Clotilde décidait de tout et cela lui allait très bien, à Sandro. Il avait immédiatement été adopté par sa belle-famille, d'autant plus qu'être amoureuse rendait Clotilde plus indulgente, plus douce, on découvrait même chez elle un sens de l'humour qu'on ne lui connaissait pas, qu'elle semblait avoir gardé pour lui, à moins que l'humour de Sandro ne se soit révélé contagieux et n'ait déteint sur elle.

Car c'est un marrant, Sandro. Il faut l'écouter expliquer pourquoi il est venu faire ses études de médecine à Paris après avoir passé en Italie un bac littéraire. Il faut l'entendre parler des chirurgiens italiens qui ont tout appris dans les livres mais ne font aucun stage pratique, si bien qu'une fois leur diplôme obtenu ils se retrouvent dans un bloc à opérer sans avoir jamais fait un point de suture, c'est à hurler de rire mais c'est effrayant, ça vous fait passer à tout jamais l'envie de vous faire opérer en Italie, à supposer que vous l'ayez jamais eue, ce qui est peu probable.

Mais il ne faut pas s'y tromper. Sous ses airs potaches, Sandro est un médecin brillant, un ponte de la procréation médicalement assistée, spécialisé depuis peu dans l'endométriose, et Clotilde s'émerveille chaque jour d'avoir rencontré un homme avec qui elle s'entend aussi bien, avec qui elle peut tout partager y compris sa passion de la médecine, un homme qui la protège et la fait rire, un père merveilleux de surcroît, quand elle voit autour d'elle ses amies qui vont de déception amoureuse en divorce ou l'inverse, elle n'en revient toujours pas de sa chance.

Tandis que Zoé se gare sur le parking de l'hôpital, Clotilde dans la foulée appelle Judith, sa petite sœur, puis sa grand-mère Françoise, malgré l'heure tardive. Car Clotilde est costaud c'est entendu, elle va assurer comme toujours, mais elle ne se sent tout de même pas la force d'affronter seule la possible mort de son petit frère. Elle a besoin de sentir autour d'elle le soutien de la cellule familiale, cellule dont sa grand-mère Françoise est le pilier. Non seulement ils sont tous extrêmement proches d'elle, mais Françoise, c'est connu, envoie toujours de bonnes ondes, elle fait partie de ces gens qui savent réconforter, qui rassurent, ce qui ne sera pas du luxe, Clotilde le pressent, dans les heures qui vont suivre. Elle s'assure donc que malgré ses soixante-dix-huit ans, le pilier saute dans un taxi avec toutes ses ondes pour la rejoindre à l'hôpital, la petite sœur idem puis, cela fait, elle se dirige vers l'entrée des urgences, accompagnée de son amie Zoé.

On les oriente vers le service de réanimation et de là vers la « salle des familles », une petite pièce puissamment éclairée par des néons, ce qui ne fait qu'accentuer son dépouillement sinistre – on dirait une morgue. Lorsqu'on se retrouve dans cette pièce, c'est forcément qu'on a un proche en réa, c'est-à-dire entre la vie et la mort, que son état peut basculer d'un moment à l'autre, et quelqu'un a dû penser que c'était une perspective qu'il était important d'affronter en pleine lumière, ou peut-être est-ce une manière très subtile, subliminale, de préparer les familles au pire (la morgue), quoi qu'il en soit on a eu tort, car cette lumière crue et sans pitié ne fait qu'accentuer les cernes, l'inquiétude et la couleur blafarde des visages. La direction de l'hôpital, d'ailleurs, a dû s'en rendre compte, puisque peu après l'époque où se situe ce récit, en même temps que des « plafonds lumineux » qui permettent désormais aux patients en neurologie couchés sur des brancards de contempler un faux ciel traversé de nuages (il paraît que leur stress en est réduit de plus de 50 %), elle a décidé d'équiper l'aveugle salle des familles d'une fenêtre virtuelle ouvrant sur un superbe paysage de Croatie, qui a pour vocation (toujours selon le site du fabricant), de « rendre aux familles ce moment plus agréable ».

Aucune étude ne dit si cet objectif a été atteint mais ce qui est sûr, c'est que le 26 mai 2016, aucune fenêtre ne s'ouvre sur aucun superbe paysage, de Croatie ni d'ailleurs, et en conséquence le moment que passe Clotilde dans cette salle des familles est tout sauf agréable, ce qui n'étonnera personne et surtout pas les chargés de com' de la société Cumulux.

Non que Clotilde ait le moindre reproche à faire à l'anesthésiste qu'elle a eue au téléphone un peu plus tôt – elle s'appelle Noémie – et qui les a rejointes, Zoé et elle, quelques minutes à peine après leur arrivée. Bien au contraire. Noémie est parfaite, d'un professionnalisme que Clotilde trouve immédiatement rassurant, empathique sans en faire trop, concise sans brutalité. Sachant que Clotilde est médecin, ainsi que Zoé qui s'est présentée elle aussi, Noémie a adapté son vocabulaire au niveau de connaissance de ses interlocuteurs – très important dans les relations avec les patients et les familles, le niveau de langage, hélas trop rarement pris en compte, c'est un point auquel Clotilde, elle, fait toujours très attention – non, vraiment, chapeau, Noémie.

Noémie leur explique donc que Romain, ayant reçu un objet dans la tempe au cours d'une manifestation contre la loi Travail, a été pris en charge par les pompiers et amené dans leur service de toute urgence, qu'il a convulsé dans l'ambulance et qu'on l'a intubé, qu'à son arrivée il était Glasgow 3, que le scanner montrait une embarrure assez importante dont ils surveillaient l'évolution et que d'ici quelques heures, le neurochirurgien de garde – qui se trouve être une neurochirurgienne, Clotilde l'apprendra par la suite – déciderait si on allait l'opérer ou pas.

Et Clotilde, effectivement, comprend tout ce que lui dit Noémie, elle sait que le score de Glasgow est une mesure de l'état de conscience : quand on a 15 on est en tout état de conscience, quand on a 3 ou 4 on est dans un coma profond, elle n'a pas les chiffres en tête mais elle vérifiera plus tard que statistiquement parlant un Glasgow 3 ou 4 c'est environ 7 % de chances de bonne récupération et 87 % de mortalité – les 6 % manquants, ce n'est pas précisé dans l'étude, sont sans doute ceux qui survivent avec de graves séquelles. Quant à l'embarrure, c'est un morceau de crâne qui a été enfoncé dans la boîte crânienne et qui écrase la région du cerveau sous-jacente, ce qui cause évidemment un œdème, et évidemment des hémorragies, voire un hématome extradural, auquel cas il faut opérer d'urgence pour faire baisser la pression intracrânienne, sinon c'est le décès assuré en quelques heures.

Pour illustrer ses propos, Noémie – ce que Clotilde trouve vraiment sympa car elle n'est pas obligée – montre à Clotilde le scanner du crâne de son frère, elle lui montre la lésion, elle lui montre le bout d'os au milieu du cerveau, et Clotilde sent au creux de ses mains un picotement fort désagréable, pourvu que ce ne soit pas le signe précurseur d'une attaque de panique se dit-elle, car des scanners elle en a vu, et même des opérations de la boîte crânienne, c'est déjà très impressionnant mais quand ce sont le crâne et le cerveau de votre frère ce n'est pas tout à fait la même chose, c'est une expérience nouvelle pour elle, à laquelle elle n'est pas tout à fait sûre d'être préparée. Zoé lui jette un coup d'œil inquiet et lui demande si ça va, et Noémie l'anesthésiste elle aussi sent bien que tout ça est un peu trop violent, même pour Clotilde, alors elle lui suggère d'une voix douce de rentrer chez elle, parce qu'il n'y a rien de plus à faire ici qu'attendre, de toute façon, et après une légère hésitation elle ajoute qu'elle ne peut pas en dire plus parce qu'elle ne sait pas grand-chose elle-même mais qu'il va sûrement y avoir la police et les journalistes qui vont arriver parce que « les circonstances de l'accident ne sont pas claires », ce sont les mots que Clotilde entend, tout en continuant à faire non de la tête jusqu'à ce que Noémie lâche l'affaire et dise :

— Votre frère est en salle de réveil. Est-ce que vous voulez le voir ?

Clotilde, alors, parce qu'elle préfère toujours voir les choses que de les imaginer et qu'au point où elle en est, rien ne peut être pire que les images qu'elle a en tête, suit Noémie dans la salle de réveil, qui ici comme partout ailleurs est collée au bloc, où l'on met les patients sous haute surveillance. Il y en a ce soir-là une dizaine, regroupés dans cette grande salle, qui n'est pas cloisonnée afin de pouvoir les avoir tous sous contrôle visuel. Là, elle voit Romain, inconscient, intubé, son crâne déjà en partie rasé en vue suppose-t-elle de l'opération, et la première chose qui la frappe ce sont les points, grossiers, rustiques, énormes. Elle est chirurgienne, elle en a déjà vu des points, de toutes les tailles, mais comme ceux-ci, jamais, et même si elle sait qu'ils ont été faits à l'arrache pour stopper l'hémorragie et en sachant que Romain allait sans doute être opéré ensuite, l'image est si étrange qu'elle ne peut en détacher ses yeux. Pendant que Zoé pose à Noémie des questions techniques concernant la réanimation, Clotilde ne voit que ça : la plaie suturée n'importe comment et tout autour, d'étranges traces noires, comme des traces de brûlure.

5

Une vraie course-poursuite de cinéma, pensa Judith, tout en s'interdisant de se demander où elle placerait sa caméra si elle devait filmer la scène, comme elle avait failli le faire par réflexe. Au lieu de ça, elle regarda l'heure sur son portable. Si le chauffeur de son Uber continuait à ce rythme-là – et tout laissait supposer qu'il en avait la ferme intention –, ils seraient à l'hôpital dans moins de dix minutes, et peut-être aurait-elle une chance de voir son frère avant qu'il ne parte au bloc pour être opéré. Depuis qu'ils avaient quitté la place Stalingrad, Mohammed – il s'appelait Mohammed, c'était marqué sur l'appli – brûlait consciencieusement un feu rouge après l'autre, et Judith n'avait rien contre – après tout, elle lui avait demandé d'aller le plus vite possible et s'il se faisait retirer son permis, c'était son problème. Ce qui la dérangeait davantage, c'était le regard qu'il fixait sur elle dans le rétroviseur, non que ce regard ait quoi que ce soit de concupiscent ni même d'équivoque, pas du tout, il était clairement, sincèrement affligé, aucun doute là-dessus, mais vu le style de conduite de son propriétaire, elle aurait tout de même préféré que celui-ci regarde devant lui. L'air de rien, elle se décala vers sa gauche, se rencognant contre la portière juste derrière lui, et eut la satisfaction de constater que sa manœuvre fonctionnait et que Mohammed, déçu de ne plus l'avoir dans son champ de vision, partageait à présent son attention entre son GPS et le bitume devant lui, selon des proportions qu'elle ne pouvait pas connaître et qu'elle préférait de toute manière ignorer.

À nouveau, elle tenta de se rappeler ce que Clotilde lui avait dit précisément, mais les mots exacts qu'elle avait employés lui échappaient. Quand sa sœur l'avait appelée, Judith était en train de boire un verre avec ses potes de l'ESRA, aspirants réalisateurs et récemment diplômés comme elle. Contrairement à Clotilde, contrairement à Agnès, elle avait immédiatement fondu en larmes, malgré le brouhaha de la terrasse bondée qui l'avait empêchée d'entendre distinctement tout ce que lui disait sa sœur, avait expliqué en deux mots à ses amis inquiets ce qui se passait et commandé un Uber en hoquetant.

À présent que dans la voiture elle se repassait mentalement leur conversation, Judith était à peu près sûre que sa sœur lui avait dit que Romain avait fait quelque chose, qu'il était coupable de quelque chose.

Mais elle avait peut-être compris de travers, c'était très possible.

Autant sa sœur est un esprit rigoureux et pratique, autant Judith est floue et approximative. Moralement, elles sont aussi dissemblables que physiquement. Clotilde est blonde et fine, plutôt petite – si elle était une bague, elle serait une pierre taillée, un brillant ou un saphir. Judith, elle, est grande et brune, son visage a encore les rondeurs de l'enfance – si elle était une bague, elle serait une opale, une pierre de lune. Les relations entre les deux sœurs n'ont pas toujours été simples, celles de Judith avec Romain non plus d'ailleurs. Étant la petite dernière, Judith est restée longtemps dans les jupes de sa mère, puis son choix de devenir réalisatrice l'a rapprochée de son père et elle a le sentiment que sa sœur et son frère lui en ont voulu. Elle a le sentiment que durant toute leur enfance, Romain a passé sur elle une colère qu'il ne savait comment exprimer, coincé entre une grande sœur qui réussissait tout ce qu'elle entreprenait sans paraître se poser de questions, et une petite sœur qui était le chouchou des parents. À l'école, il a eu des moments difficiles, il lui est arrivé de se battre, et leur mère quand elle allait le chercher dans le bureau de la directrice s'étonnait toujours, l'innocente – comment est-ce possible, à la maison il est doux comme un agneau. C'était une violence insidieuse, que leurs parents ne pouvaient pas voir, et qu'elle était seule à connaître. Qu'il se soit mis dans la merde aujourd'hui, ou même qu'il ait carrément déconné, n'étonne pas Judith plus que ça, bien qu'il se soit beaucoup calmé ces derniers temps, à vrai dire, et qu'il soit même devenu franchement gentil avec elle.

Lorsqu'au sortir du lycée, après quelques mois passés en fac de droit pour suivre une fille dont il était tombé amoureux – mais ça n'avait pas duré –, Romain s'était inscrit dans un cours de théâtre, ils s'étaient beaucoup rapprochés. Judith était allée le voir dans les spectacles montés au sein de l'école, avait fait la connaissance de ses amis, et avait même engagé son frère pour jouer dans le premier court métrage qu'elle avait réalisé, un projet d'école un peu kitsch aujourd'hui caché dans un tiroir et qu'elle ne montrerait jamais à personne tant elle en avait honte. Au cours de cette période, Romain s'était apaisé. Il avait rencontré Nastassja, apprentie comédienne elle aussi, avec qui il était toujours en couple et avec qui Judith s'entendait très bien. Jamais, semblait-il à Judith, Romain n'avait été aussi heureux qu'à cette époque et même si elle avait du mal à l'imaginer faire du théâtre son métier – jamais, pensait-elle, il n'aurait supporté le côté sale et injuste de cette profession, les rejets, les humiliations et les petits arrangements qui sont le quotidien d'un comédien, jamais non plus il n'aurait accepté le rôle d'un personnage ridicule ou médiocre, Romain n'aimait vraiment jouer et n'était vraiment bon que dans les rôles de héros –, elle n'avait pas compris qu'il ait laissé tout tomber pour monter une boîte avec quelqu'un qu'il connaissait à peine, un vague copain, qui plus est une boîte d'importation de boissons, et même s'ils avaient réussi et que ça avait l'air de marcher, bravo, Judith ne pouvait croire que Romain s'épanouissait là-dedans, elle était sûre qu'il en aurait vite marre et espérait qu'il reviendrait à quelque chose d'un peu plus artistique, toujours est-il qu'à présent Romain et elle s'entendaient très bien, depuis quelques semaines ils se faisaient même la bise, un truc de ouf dans cette famille dont le moins qu'on puisse dire est qu'elle n'était pas très tactile, à part Agnès qui l'était beaucoup, cette famille dans laquelle on se prenait peu dans les bras, on s'embrassait encore moins, une famille pudique comme on dit pudiquement.

Arrivée à l'hôpital, Judith erra un peu dans les couloirs déserts avant de trouver la salle des familles. Au moment où elle y pénétra enfin, Clotilde et Zoé venaient juste de revenir de la salle de réveil, et la tension de Judith baissa d'un cran lorsqu'elle constata que Clotilde n'était pas seule, que Zoé l'accompagnait. Pour une raison qu'elle ne s'expliquait pas, la perspective de se retrouver seule avec sa sœur la nouait toujours un peu. Elle n'aurait su dire comment ça s'était fait, ni depuis quand, ni si la réciproque était vraie – non, sans doute. Depuis combien de temps d'ailleurs cela n'était-il pas arrivé ? Dans son souvenir, leur dernier tête-à-tête devait remonter à l'adolescence. Aussitôt qu'elle l'aperçut, Zoé prit congé, supposant que sa présence auprès de Clotilde n'était plus indispensable et qu'elle pouvait maintenant les laisser en famille, mais au soulagement de Judith, tandis que Clotilde se confondait en excuses – non mais bien sûr, vas-y, tu te maries dans deux jours, je suis tellement désolée, merci encore, va te coucher –, leur grand-mère arriva. Françoise, contrairement à elle, n'avait pas peur de poser des questions stupides, par exemple comment se faisait-il que Romain n'ait pas déjà été opéré alors qu'il était à l'hôpital depuis déjà plusieurs heures, qu'est-ce qu'ils attendaient en fait, que son crâne se répare tout seul ? Il lui semblait bien pourtant qu'au téléphone, sa sœur lui avait dit que l'intervention était imminente, mais apparemment non, Clotilde n'avait jamais dit ça, Clotilde trouvait ça normal, donc les médecins savaient sûrement ce qu'ils faisaient, il fallait leur faire confiance.

Assez rapidement cependant, la conversation s'épuisa, car Clotilde, malgré son air de toujours tout savoir et de tout contrôler, n'avait pas les réponses à la plupart des questions qu'elles se posaient. Alors elles se turent et attendirent, assises, muettes, jusqu'à ce qu'une femme médecin, vers trois heures du matin, vienne leur annoncer que Romain allait finalement être opéré, que son état était critique – critique, Judith en était sûre, fut le mot qu'elle employa, et ce mot résonna en elle comme un crissement de pneus, comme un froissement de tôle, la faisant frissonner. Au même moment elle reçut sur son portable un message envoyé via la plateforme Uber par Mohammed qui lui demandait, si elle en avait la possibilité bien sûr et via l'appli toujours, car les chauffeurs n'ont pas accès aux données personnelles des clients, de lui faire savoir comment elle allait et comment allait son frère, et la sollicitude, la compassion gratuite de cet inconnu la touchèrent, il y avait des gens gentils quand même, dans le monde. De longues minutes s'écoulèrent encore puis, après ce qui sembla une éternité à Judith, elles virent enfin passer dans le couloir sur un brancard Romain, méconnaissable, la tête à présent enveloppée d'un bandage énorme qui lui faisait comme un turban de prince oriental, que l'on amenait très vite au bloc, à croire que d'un coup c'était devenu urgent, le brancard passa à toute allure sans que Judith ait le temps de toucher son frère ni de lui dire un mot, juste de l'entrevoir avant qu'il ne disparaisse derrière les portes battantes, juste le temps de lui pardonner pour toute cette période quand elle était petite où elle s'en était un peu pris plein la tronche, où il n'avait pas été très sympa, et de penser ne fais pas ça je t'en supplie, *ne me laisse pas toute seule avec eux*, sans essayer de retenir les larmes qui coulaient sans discontinuer sur ses joues.

6

Françoise était anéantie. Romain était venu la voir chez elle la veille, il était passé dans son petit appartement de Saint-Ouen comme il le faisait quelquefois, très gentiment, pour parler, il aimait bien son, comment dire, son désordre, enfin ce que certaines personnes sans doute nommeraient ainsi, qui pour elle était plutôt un ordre différent, bien à elle, dans lequel elle aimait vivre. Il était tout heureux de lui montrer la petite caméra qu'il venait d'acheter, et lui avait expliqué qu'il comptait s'en servir pour filmer la manifestation contre la loi Travail le lendemain. Elle ne lui avait pas demandé ce qu'il pensait du projet de loi à l'origine de cette manifestation, Romain avait sûrement une opinion là-dessus mais ils ne parlaient jamais de politique, et puis il était clair pour Françoise qu'il y allait juste en promeneur, pour s'entraîner à faire des images, une sorte de reportage.

Si seulement elle lui avait dit n'y va pas. N'achète pas cette caméra, ou achète-la si ça te fait plaisir mais va filmer autre chose, les oiseaux, les quais de la Seine, peut-être l'aurait-il écoutée. Et elle ne serait pas à présent assise ici, dans cette salle d'attente sinistre, entre ses deux petites-filles si différentes qu'on ne les croirait jamais sœurs, ses petites-filles qu'elle aime tendrement, comme tous ses petits-enfants. Mais pas comme Romain.

Avec Romain elle a toujours eu un lien spécial, un dialogue merveilleux. Tout petit déjà, alors qu'il était encore dans sa poussette, elle lui demandait : Est-ce que tu vois là-haut le ciel, Romain, les nuages, et les arbres qui bougent? Et il répondait oui, je vois les arbres qui bougent, c'était un gamin extraordinaire, et beau en plus, si beau, ce qui n'est pas le plus important bien sûr mais qui est quand même une chance. Plus tard, à l'âge où les enfants vous parlent de leur scolarité ou de leurs jeux, alors qu'elle était elle-même en pleine recherche personnelle et s'était remise à écrire, il s'était intéressé avec elle au théâtre grec, il avait cette qualité d'écoute, d'empathie, puis il avait eu sa grande période où il avait découvert Shakespeare, et elle avait pu partager avec lui les quelques auteurs qui pour elle comptaient. Elle n'avait pas pour autant la prétention de lui avoir donné le goût du théâtre, il n'avait pas eu besoin d'elle pour ça, non, elle se contentait de lui répondre dans la langue qu'il employait, comme elle l'avait fait avec ses propres enfants, et ce n'était sûrement pas un hasard s'ils étaient tous les trois devenus artistes, l'aîné, Gilles, réalisateur et scénariste, le deuxième musicien et la dernière artiste peintre, même si elle ne vendait pas beaucoup de toiles et gagnait sa vie en donnant des leçons.

Si seulement elle lui avait dit n'y va pas.

Au lieu de ça, elle l'avait patiemment écouté détailler les fonctionnalités de sa GoPro, s'émerveillant avec lui d'un tel concentré de technologie dans un objet aussi minuscule, puis avait essayé avec bienveillance de changer de sujet et de lui demander où il en était, à part ça, ce qu'il comptait faire de sa vie à présent qu'il avait arrêté le théâtre, s'il était sûr de son choix. Mais Romain n'avait visiblement pas envie d'en parler et elle n'avait pas insisté. C'est si difficile de savoir ce qu'on veut faire de sa vie aujourd'hui, sans doute encore plus que de son temps où le monde était plus simple, d'ailleurs de son temps on n'avait pas vraiment le choix, surtout quand on était une femme, à moins de ruer dans les brancards, comme elle l'avait fait, et d'envoyer tout valser.

Françoise est née en 1937 dans une famille d'industriels normands, père protestant, mère catholique, grande bourgeoisie disons cultivée, la culture quoi qu'on dise ça ouvre l'esprit, c'est pour ça que c'est important, Romain, la culture, son père et sa mère lisaient tous les deux beaucoup et c'étaient des gens bien, pas des bourgeois bornés ou sans considération pour les autres, pas du tout. Sitôt que la guerre avait éclaté, lui avait été fait prisonnier. Il était resté cinq ans interné en Allemagne dans le camp de Lübeck, avait tenté de s'évader dix-sept fois, avait chaque fois été rattrapé. Alors quand il était enfin revenu – Françoise avait déjà huit ans – il avait eu envie de s'amuser, de profiter de la vie, d'oublier tout ça, et ça pouvait se comprendre, mais de ce fait il n'avait pas été très présent et sa fille ne l'avait pas vraiment connu autrement que comme une figure distante et admirable. Elle avait fait toute sa scolarité chez les sœurs, de pauvres femmes pas méchantes qui avaient pour la plupart perdu un fiancé pendant la guerre de 14 et semblaient toujours en porter le deuil mais qui terrifiaient la petite fille qu'elle était, avec leurs longues toilettes noires et leur machin blanc sur la tête. Françoise n'avait pas été une élève brillante, sauf en dessin, mais c'est chez les sœurs qu'elle avait découvert la poésie, lorsqu'en fin d'année on lui avait demandé de réciter de très longs poèmes devant toute la ville de Rouen assemblée et même Monseigneur l'évêque, *Ô nuit*, de Charles Péguy, ça c'était un langage qu'elle comprenait, les mots qui disent autre chose que ce pour quoi on les emploie d'habitude, ou laissent les silences entre eux parler, qui font juste de la musique. Aussi quand ses parents avaient finalement déménagé à Paris, après avoir obtenu un bac philo elle avait voulu faire du théâtre, allant jusqu'à passer le concours du Conservatoire, mais il faut croire qu'elle était jolie même si elle était loin de s'en douter car les hommes, beaucoup d'hommes, s'étaient mis à lui tourner autour et à lui faire des propositions de mariage, et elle ne se souvenait plus très bien pourquoi mais elle avait dit oui à l'un d'entre eux, celui qui lui ressemblait le plus, un Rouennais comme elle, à peu près du même milieu. Peut-être parce qu'il était polytechnicien et qu'elle ne comprenait rien aux maths, ça avait dû l'attirer. Plutôt que de se présenter au troisième tour du Conservatoire, elle était donc restée au lit avec lui, s'était mariée à dix-neuf ans et avait eu trois enfants coup sur coup, et là elle s'était dit zut, ça commence à bien faire, elle n'en faisait pas mystère même si elle en avait un peu honte mais la contraception n'existait pas à l'époque alors elle s'était fait ligaturer les trompes, et au lieu de s'occuper sagement de ses enfants elle était allée s'acheter des cartons qu'elle avait entassés dans leur bel appartement de La Celle-Saint-Cloud pour se faire un coin à elle, un coin pour écrire. Le genre de choses qu'elle écrivait? Oh, des choses bizarres, sans ponctuation mais avec des espaces de taille différente entre les mots et des dessins, l'un de ces textes commençait, elle s'en souvient, par « Je suis née en ville », ça faisait néant-ville, elle ne l'avait pas fait exprès mais ça lui plaisait, ça racontait les bombardements qu'elle avait vécus en 44 – l'aviation anglaise passait au-dessus de Rouen en larguant des bombes, ça avait duré une semaine et la maison à côté de la leur s'était effondrée –, des voisins l'avaient entraînée avec eux dans une cave pour la mettre à l'abri et sa mère ne revenait pas, elle l'avait crue morte, avait cru que tout le monde autour d'elle était mort, c'était un souvenir toujours bien vivace en elle, le bruit des explosions, l'obscurité, la peur.

Là-dessus Mai 68 était arrivé les manifs les groupes femmes et avec eux la conscience de sa liberté, que son corps n'appartenait qu'à elle. Elle s'était dit que la relation entre hommes et femmes était à réinventer, qu'on aurait dû pouvoir se parler, déjà, mais son mari ne comprenait pas ça alors elle avait connu d'autres hommes, merveilleux, des artistes, avec qui elle avait découvert l'euphorie de parler le même langage, un architecte qui lui avait fait connaître Le Corbusier, et Chris Marker surtout, le cinéaste de *La Jetée*, un film extraordinaire, tu l'as vu, Romain? À cause d'eux, elle avait un peu négligé ses enfants sans pour autant quitter vraiment leur père, se disant que ça ne serait pas bien pour eux – ils étaient encore petits –, en quoi si ça se trouve elle s'était trompée car ces hommes qui finissaient tous à un moment ou un autre par lui demander de vivre avec eux auraient sans doute été de très bons pères, l'un d'eux en particulier, mais voilà, c'était le choix qu'elle avait fait. Jusqu'à ce que Jean-Pierre qui, tout polytechnicien qu'il était, enchaînait les extravagances, se mette en tête de faire de la production de cinéma et évidemment se plante, qu'il achète pour une bouchée de pain un couvent désaffecté dans le Causse noir, près de Millau, où elle avait accepté de le suivre elle se demandait encore pourquoi et qu'ils vivent là pendant plusieurs années pour ainsi dire en communauté, accueillant des membres de Longo Maï et partageant leurs repas avec eux, un style de vie qui à elle ne convenait pas du tout, si bien qu'à cinquante ans passés elle avait pris ses cliques et ses claques et était revenue à Paris, seule, se demandant comment elle allait bien pouvoir gagner sa vie. Heureusement elle avait son baccalauréat et miracle, la gauche au pouvoir à l'époque avait créé une aide pour les femmes dans son cas, l'équivalent de trois cents euros par mois qu'elle avait touchés pendant trois ans et qui lui avaient permis de faire des études pour devenir assistante sociale, l'un des rares métiers qu'on peut exercer sans limite d'âge, au contraire même elle était convaincue que plus on était âgée mieux c'était, et elle avait fait ça pendant dix ou quinze ans, s'occupant des SDF dans le métro car les histoires de famille la barbaient, et là elle avait côtoyé la misère, la vraie, c'était tellement un autre monde qu'elle en avait fait un film qui avait été diffusé sur Arte. Elle avait fini par divorcer du père de ses enfants et elle le regrettait un peu car elle se demandait maintenant si au bout du compte, que l'on parle ou non, que l'on s'entende ou pas, si après un certain nombre d'années de vie commune finalement ça ne revenait pas au même, Romain en pensait quoi?

Romain ne savait pas non plus.

Romain aime écouter sa grand-mère lui raconter sa vie, surtout les années 60-70, cette époque qui avait l'air si chouette et qui paraît aujourd'hui si lointaine.

Elle l'avait regardé partir en se disant quel dommage, ne parvenant pas à comprendre comment un être aussi beau et aussi doué que lui pouvait abandonner soudain toute ambition artistique et sembler se satisfaire de seulement gagner sa vie en faisant du commerce. Mais Romain était encore jeune, si jeune, vingt-huit ans à peine. Il a encore toute la vie devant lui, avait-elle pensé.

Toute la vie.

En quelle unité se compte-t-elle à présent, toute cette vie devant Romain, se demande Françoise.

Hier elle aurait dit des dizaines d'années.

Aujourd'hui personne ne sait plus si ce sont des mois ni même des jours. Peut-être des secondes.

Ô nuit, ô ma fille la nuit, toi qui sais te taire, ô ma fille au beau manteau.
Toi qui verses le repos et l'oubli. Toi qui verses le baume, et le silence, et l'ombre,

se récite Françoise muettement.

La Muette ment, pense-t-elle, mais elle n'a pas le cœur à le noter.

Dès qu'elle avait reçu le coup de fil de Clotilde, en attendant le taxi, elle avait appelé son ex-mari – bien que séparés depuis de très nombreuses années ils étaient restés proches, continuant à partager une forme d'amour platonique, distancié, et tant pis ou tant mieux si sa nouvelle femme lui avait fait la tête – elle disait toujours nouvelle femme même si ça faisait également de nombreuses années qu'ils étaient ensemble ces deux-là, c'était comme ça, elle ne parvenait pas à s'y faire, elle ne s'y ferait jamais. Tiens, Jean-Pierre, justement, qui vient aux nouvelles. L'écran du portable de Françoise s'est allumé juste au moment où elle a entendu le bruit du brancard poussé à vive allure dans le couloir. En même temps que Clotilde et Judith, elle s'est précipitée pour le regarder passer – tant pis pour Jean-Pierre. Elle entend une voix près d'elle dire à Judith : Je vous conseille de lui dire au revoir, c'est peut-être la dernière fois que vous le voyez vivant, et un frisson la parcourt. Comme François Mitterrand, Françoise croit aux forces de l'esprit. Elle voit Romain qui a l'air déjà mort et elle comprend qu'il est au seuil de quelque chose, devant une porte qu'il ne doit surtout pas pousser, qu'il doit trouver en lui l'impulsion, l'élasticité, qui le ramènera en arrière, alors elle se concentre, rassemble toute l'énergie mentale dont elle est capable, et lui dit en silence : Tiens bon, mon Romain. Ne pars pas. Reste avec nous.

N'y va pas.

7

Quand Agnès et Gilles pénétrèrent dans l'aéroport, leurs espoirs retombèrent. Tous les guichets fermés, pas âme qui vive, à l'exception d'un agent d'entretien occupé à vider les poubelles, et le tableau d'affichage leur confirma qu'aucun avion ne décollerait de Bordeaux avant le lendemain matin. Assommés par la déception, malades d'angoisse, ils s'affalèrent sur un banc. Agnès regarda sa montre : 22 h 50. Même s'ils décidaient de remonter sur Paris en voiture, ils n'atteindraient pas la capitale avant l'heure d'arrivée du premier avion. Plutôt que de passer la nuit sur ce banc dans ce hall d'aéroport désert, ils décidèrent de reprendre leur voiture et de rejoindre Sandro qui, prévenu par Clotilde un peu plus tôt, se morfondait lui aussi dans son hôtel de Bordeaux en attendant des nouvelles. Une chance dans leur malheur, car Sandro était sans doute la seule personne au monde qu'Agnès ait envie de voir à ce moment-là, le seul dont la présence chaleureuse, tactile, puisse lui faire un peu de bien. Dans cette famille, on l'a dit, les gestes d'affection sont rares, Agnès en souffre souvent. Elle aimerait que ses enfants la prennent davantage dans leurs bras, comme Sandro qui la serre pour un oui ou pour un non à l'étouffer, en riant, mais ce n'est pas leur genre, à ses enfants, ni à Gilles, et d'un coup elle envia sa fille d'avoir une épaule comme celle de Sandro sur laquelle s'appuyer, contre laquelle pleurer.

Dans le petit bar sur les quais où ils échouèrent tous les trois, ils passèrent des heures à se demander en boucle ce qui avait bien pu se passer, comment cela avait pu arriver. Clotilde avait répété à Sandro ce que lui avait dit l'anesthésiste, elle lui avait tout répété mot pour mot, et Sandro à son tour le répéta à Agnès et Gilles, traduisant quand c'était nécessaire, Glasgow, manif, embarrure, un objet dans la tempe, les circonstances de l'accident qui n'étaient pas claires, ils retournaient ces mots dans tous les sens, qu'est-ce que ça pouvait vouloir dire, de quel genre d'accident et de quel objet il pouvait bien s'agir, sentant bien qu'il leur manquait des pièces essentielles du puzzle, et Sandro malgré son habituel optimisme cette fois peinait à les réconforter, on sentait qu'il hésitait entre se montrer confiant, tout va bien aller, ce n'est sûrement pas si grave, au risque qu'ils tombent de haut, et le fait de les préparer au pire. Vers deux, trois heures du matin, Agnès avait soudain pris conscience que Sandro participait à un colloque le lendemain matin et qu'il fallait le laisser dormir. Ils étaient repartis vers l'aéroport pour passer dans le hall le reste de la nuit.

Sur la petite radio portable qu'Agnès avait emportée en quittant la maison et qu'elle avait réglée sur la fréquence de France Info, les mêmes flashes se répétaient : manifestations à Paris contre la loi Travail, un jeune manifestant grièvement blessé, s'enrichissant d'une phrase ou deux à mesure que les heures s'écoulaient, le ministre de l'Intérieur a ordonné l'ouverture d'une enquête. Agnès, qui attendait des nouvelles de Clotilde mais avait mis son portable en silencieux car la sonnerie la faisait sursauter si violemment qu'elle manquait chaque fois s'évanouir, gardait les mains serrées sur son téléphone, en guettant la moindre vibration, comme si c'était un petit animal qui feignait d'être endormi afin de tromper sa vigilance mais attendait sournoisement le premier moment d'inattention pour s'échapper, et elle peinait à croire que c'est de Romain qu'on parlait, de son petit garçon, c'était absurde, irréel. De temps en temps, elle essayait de joindre l'hôpital. Lorsque vers quatre heures du matin, enfin, elle parvint à avoir au bout du fil l'interne de garde, celui-ci lui annonça que l'opération avait eu lieu et que tout s'était passé normalement. Pas « bien », non, « normalement », et Agnès se demanda dans quel monde il était normal d'enlever un bout de crâne enfoncé dans le cerveau d'un jeune homme de vingt-huit ans, mais l'interne s'empressa d'ajouter qu'on ne pouvait pas encore se prononcer sur la suite, du tout du tout, il était impossible d'émettre le moindre pronostic, il fallait rester extrêmement prudent, ce fut un coup de fil très bref car visiblement l'interne n'avait aucune envie de s'étendre mais grâce auquel Agnès reprit un peu confiance, cette fois encore le fait que son fils ait survécu à l'opération lui suffisait, c'est fou comme on se contente de peu dans ces cas-là.

À six heures du matin, l'aéroport commença à se réveiller. Les employés rejoignirent leurs guichets, les premiers voyageurs arrivèrent en traînant leur valise. Gilles et Agnès qui n'avaient aucun bagage se présentèrent les premiers au comptoir d'enregistrement du vol pour Paris. Quand le type refusa d'échanger leurs billets après qu'ils lui eurent expliqué la situation, Gilles se retint à grand-peine de l'insulter, putain puisqu'on vous dit que notre fils est dans le coma, ça vous parle un peu ? Agnès le supplia de se calmer, du moment qu'il restait des places dans le prochain avion, c'était la seule chose qui comptait, et la dame dans la queue derrière eux soupira, quand même, c'est pas sympa de vous faire repayer les billets, ne vous inquiétez pas si l'avion avait été complet moi je vous aurais laissé ma place, je ne suis pas pressée j'aurais pu prendre le suivant, gentille la dame mais si bavarde, elle leur fit la conversation pendant tout le voyage et Agnès maudit sa bonne éducation qui l'empêchait de lui dire de la boucler, qui l'obligeait à rester aimable et à répondre poliment, tandis que Gilles, quoique tout aussi bien élevé qu'elle, n'avait pas ce genre de scrupules, avait déjà fermé les yeux et faisait semblant de dormir. À sept heures du matin ils atterrirent à Orly et se mirent en quête d'un taxi avec l'intention d'aller directement à l'hôpital, mais le coup de fil qu'ils passèrent à Clotilde les arrêta : inutile d'y aller maintenant, ça ne servait à rien, les visites commençaient à treize heures, on ne les laisserait pas entrer avant.

— C'est une blague, dit Gilles.

8

Sitôt Romain parti au bloc, Clotilde comprit qu'elles n'avaient plus rien à faire là. À présent que le contact était établi entre l'hôpital et ses parents, il était clair que les médecins n'allaient pas continuer à tenir informé le reste de la famille. Elle se rendit soudain compte que cela faisait presque quarante-huit heures qu'elle n'avait pas dormi, et bien que n'ayant pas vraiment sommeil, elle se sentait dans un état bizarre, flottant, comme anesthésiée.

Il était temps de lever le camp.

Un taxi fut donc appelé et l'improbable trio formé par les deux sœurs entourant leur grand-mère, se serrant fort contre elle de chaque côté, y monta afin d'aller dormir chez Clotilde, comme deux ans plus tôt, au moment du décès de leur autre grand-mère, la mère d'Agnès. Quoi qu'on dise, pensa Clotilde, et même si les sœurs n'avaient pas grand-chose en commun, ça sert à ça, la famille, à se serrer les coudes dans les moments difficiles. Et ça faisait du bien, même si comme toujours dans ce genre de situation elle avait le sentiment de porter tout le monde à bout de bras, et que c'était lourd, très lourd, si lourd que quand elles arrivèrent chez elle et que la tension retomba, les genoux de Clotilde se mirent à flancher sous ce poids et qu'elle eut un énorme coup de barre, aussi se dépêcha-t-elle de montrer à Françoise et Judith les lits où elles pouvaient dormir avant d'aller s'effondrer sur le sien, et aussitôt l'anesthésie se dissipa et elle eut la vision très précise, en haute définition, puisée dans ses souvenirs, des quelques actes chirurgicaux de ce type qu'elle avait pu voir, de son petit frère sur la table d'opération le crâne ouvert, et à présent qu'elle n'avait plus ni fille ni mère ni sœur en face d'elle ni au bout du fil, à présent qu'elle était enfin seule, Clotilde explosa en sanglots.

9

Gilles était fou de rage.

— Ils se foutent de notre gueule ou quoi, dit-il. Non mais on rêve. On peut pas y aller tout de suite, tu es sûre ?

— Sûre, répondit Clotilde. L'interne a bien insisté cette nuit, les visites ne sont autorisées qu'à partir de treize heures.

— C'était bien la peine de passer la nuit à l'aéroport, soupira Agnès.

— Mais on s'en fout des heures de visite ! aboya Gilles, qui refusait toujours d'y croire. Notre fils est dans le coma, il peut crever d'une minute à l'autre, mais il faut attendre treize heures pour avoir des nouvelles ? Et on est censés faire quoi, en attendant ?

Et Clotilde qui au fond était parfaitement d'accord avec son père ne put s'empêcher de prendre la défense de l'institution dont elle faisait partie, feignant de trouver ça normal.

— Ça ne sert à rien de t'énerver, c'est comme ça. Allez-y si vous voulez, mais vous ne verrez personne. Je ne suis même pas sûre qu'on vous laissera entrer.

Gilles et Agnès se regardèrent, désemparés. Ils s'étaient préparés à tout, sauf à ça. Qu'on ne les laisse pas voir leur fils, qu'on ne leur donne aucune nouvelle, alors que l'interne qu'ils avaient eu pendant la nuit leur avait dit clairement que Romain était entre la vie et la mort, cela dépassait leur entendement.

Au terme d'une âpre négociation ils transigèrent sur onze heures, le temps pour Gilles et Agnès de rentrer chez eux prendre une douche, et pour Clotilde d'aller chez Zoé récupérer ses enfants et de passer un moment avec eux avant de les déposer, respectivement, à l'école et à la crèche. Onze heures c'était encore trop tôt, et ils n'étaient pas absolument sûrs de voir leur fils, mais on pouvait tout de même raisonnablement espérer avoir des nouvelles – même Clotilde ne pouvait concevoir le contraire.

Arrivées à l'hôpital, Clotilde et Agnès, suivies de Judith et Françoise, avaient déjà descendu les quelques marches menant à l'entresol du bunker sinistre qui abritait la réanimation et Gilles s'apprêtait à faire de même – on dirait un crématorium, se dit-il, ça lui rappelait tout à fait le crématorium du Père-Lachaise où son amie Stéphanie avait été incinérée deux mois plus tôt, et cette pensée lui fit froid dans le dos – quand il sentit dans sa poche son téléphone vibrer. Un numéro en 06 inconnu. Il décrocha, ce qu'il n'aurait sans doute pas fait dans des circonstances normales mais plus rien n'était normal de toute façon, depuis la veille ils étaient tous passés dans une autre dimension, et cette impression s'accentua encore quand son interlocuteur se présenta comme étant le ministre de l'Intérieur et, après s'être assuré qu'il parlait bien au père de Romain D., continua, vous savez pourquoi je vous appelle je suppose, et puis se tut, laissant à Gilles la charge de meubler ce silence, en sorte que celui-ci se sentit obligé de donner une réponse positive même si la vérité était tout autre, la vérité était qu'il n'en avait aucune idée et ne se posait pas la question, son esprit étant occupé ailleurs, très loin, dans ce lieu glacé où se trouvait Stéphanie et où Romain allait peut-être la rejoindre, une réponse que l'autre prit manifestement pour argent comptant puisqu'il articula ensuite un certain nombre de mots – ce qui est arrivé, fils, très grave, la mort de Romain, conséquences, gouvernement, j'aimerais vous voir au plus vite – dont Gilles n'en entendit vraiment que trois, mort, de, Romain, qui lui firent comme un coup à l'estomac car, si familiers soient-ils, jamais auparavant il ne les avait entendus ensemble, assemblés dans cet ordre, aussi coupa-t-il la parole au ministre pour lui expliquer poliment que seuls ces mots-là l'intéressaient, de savoir si son fils allait mourir, qu'il arrivait seulement à l'hôpital et ne l'avait pas encore vu, laissant entendre que tout le reste, sort du gouvernement compris, il n'en avait rien à battre, en réponse à quoi l'autre convint, conciliant, que c'était bien normal mais qu'il fallait néanmoins qu'ils se rencontrent, il n'en démordait pas, et sans doute aurait-il insisté encore longtemps si Gilles, voyant Clotilde et Agnès arrêtées à l'entrée du bunker devant une porte close, n'avait pas coupé court, disant pour se débarrasser du ministre qu'il le rappellerait dès qu'il en saurait plus, avant de raccrocher.

À l'entrée du bunker, après avoir appuyé plusieurs fois sur la sonnette prévue à cet usage, Clotilde parlementait à présent avec la personne venue leur ouvrir qui, revêche, leur expliquait que non, il n'était pas possible d'avoir des nouvelles de Romain, que les visites n'étaient autorisées que l'après-midi et tandis que Gilles se mordait les poings pour se retenir de l'assommer, Clotilde elle-même finissait par s'énerver disant écoutez ce n'est pas possible, il a été opéré cette nuit, mes parents ne l'ont pas vu, on ne peut pas avoir des nouvelles plus précises, elle haussait le ton et sa voix montait dans les aigus, enfin je suis médecin moi-même, chirurgien, on ne traite pas les familles comme ça, jusqu'à ce qu'enfin, de guerre lasse, un médecin qui se présenta comme le docteur Troadec, un Breton donc, accepte de les recevoir et les fasse entrer dans la même salle que la veille, des familles justement, aussi puissamment éclairée de néons et aussi sinistre qu'en pleine nuit puisque n'y pénétrait pas la lumière du jour, et d'un ton à la fois embarrassé et mécontent, d'un ton de reproche leur dise en préambule, il tenait à le préciser, que :

Nous ici on est là pour soigner tout le monde, on va soigner votre fils exactement comme n'importe qui.

La phrase est tellement bizarre, et le docteur Troadec semble tellement gêné en la prononçant que tous se regardent sans comprendre. Il n'a pas dit on va soigner votre fils exactement comme n'importe qui *même si* – mais tous l'ont entendu ce « même si », aussi clairement que s'il avait été prononcé, et tous se demandent même si quoi?, supputant que ce qui vient derrière ne peut être que péjoratif, sauf Clotilde qui pense que c'est une référence au mini-esclandre qu'elle vient de faire, qui croit comprendre que ce n'est pas parce qu'ils sont une famille de médecins qu'ils doivent s'attendre à un quelconque traitement de faveur. Tandis qu'Agnès, Judith, Gilles et même Françoise, et l'avenir leur donnera raison, comprennent sans doute possible que le docteur Troadec tient Romain pour un voyou, un casseur de flics, un de ces black blocs qu'on ne cesse de voir à la télé, en gros s'il est ici il n'a que ce qu'il mérite mais ne vous inquiétez pas, on va le soigner *quand même*.

Puis sans leur laisser le temps de digérer cette information implicite qu'ils ne décodent pas immédiatement mais qui leur laisse la pénible impression qu'ils ne sont pas les bienvenus dans ce service, ni eux ni Romain, qu'on va le soigner certes, mais comme on soigne un collabo, un ennemi tombé entre vos mains, par pure charité chrétienne, qu'on fera le minimum technique qu'exige le serment d'Hippocrate mais qu'il ne faut rien attendre de plus, le médecin enchaîne en ressortant le scanner que Clotilde a déjà vu, et d'un ton ennuyé il annonce ce qu'a votre fils est extrêmement grave, il y a un gros risque de décès, il leur explique que durant la nuit les médecins ont fait ce qu'on appelle un volet crânien, ils ont levé l'embarrure c'est-à-dire retiré le morceau de crâne qui était rentré dans le cerveau mais au vu de l'énorme œdème cérébral il est à craindre que la pression intracrânienne soit si forte qu'elle provoque ce qu'on appelle un engagement du tronc cérébral, autrement dit que le faisceau nerveux qui commande toutes les fonctions vitales, la respiration entre autres, que ce tronc descende dans le début du rachis par le canal cervical, lésant le tissu cérébral de manière irréversible, en sorte que dans le meilleur des cas, celui où leur fils se réveillerait, ce qui encore une fois était peu probable, il aurait certainement de très graves séquelles, les territoires du cerveau touchés étant ceux qui commandent la parole et la marche, et là Clotilde voit Agnès et Françoise décomposées, sur le point de s'effondrer sur le sol, aussi interrompt-elle le docteur Troadec et le suppliant du regard demande s'il y a tout de même peut-être un espoir, un microscopique espoir que Romain s'en sorte sans séquelles trop graves, ce à quoi le médecin répond que certes, des chances il y en a toujours mais qu'elles sont minimes, ou peut-être dit-il dérisoires, reprenant son exposé là où il l'avait laissé et dessinant oralement comme un arbre dont chaque branche représente une possible évolution de l'état de Romain, et quel que soit le chemin emprunté, quelle que soit la brindille sur laquelle on finit par arriver, l'issue est catastrophique. En gros soit Romain va mourir, soit il va se réveiller en bavant partout et dans une petite chaise roulante pour le reste de ses jours.

Clotilde se sent glacée jusqu'à la moelle des os. Son regard va de Françoise à Agnès qui se sont pris la main et tiennent encore debout sans que l'on puisse vraiment savoir laquelle des deux s'accroche à l'autre mais dont les visages ont pâli de manière inquiétante, elles sont livides, des fantômes. Sur ce, soulagé d'en avoir fini et estimant avoir fait son devoir, qui plus est dans un créneau horaire interdit aux visites, le docteur Troadec prend congé en leur disant que le mieux qu'ils aient à faire à présent est de partir et de revenir après dix-huit heures, tout en se préparant à la possibilité d'une mauvaise nouvelle, auquel cas on les préviendrait, bien sûr, immédiatement.

Auparavant, ose Agnès, ils voudraient voir leur fils. Le docteur Troadec regarde sa montre. Le temps, mine de rien, a passé. Agnès a de la chance, il est presque l'heure.

10

Passer de la salle des familles à la salle de réanimation, c'est passer d'un monde à un autre, du monde des vivants à celui des presque morts, du silence au vacarme – bips bips bips des scopes, bruits des respirateurs, sanglots –, de l'abstraction – l'arbre du docteur Troadec – à la matérialité tangible, palpable, de l'état de Romain. Comme un parc d'exposition, la grande réa est divisée en boxes séparés par une allée centrale et des vitres aux stores baissés, chaque exposant, pardon chaque famille, a le sien, et on y trouve le tout dernier cri de la technologie – c'est un peu le Salon de l'Accident et de la Mort imminente. Agnès a l'habitude des réas de bébés, mais elle a pourtant un mouvement de recul en voyant son fils étendu dans une sorte de matelas en forme de coquille, des bas de contention sur les jambes, le visage gonflé, un énorme casque de pansements lui enserrant la tête et des seringues partout, une dizaine de seringues électriques qui via des tubulures alimentent sa perfusion de dizaines de produits différents, un tube qui plonge dans son nez et devine-t-elle jusqu'à sa trachée pour le faire respirer et des perfs, des sondes dans les deux bras. Elle n'ose pas l'approcher, encore moins le toucher, reste sur le seuil du box, tandis que Gilles à ses côtés s'agite comme un lion en cage. Quelques minutes, pas plus. Le créneau ouvert aux visites est d'une demi-heure, ça leur avait semblé peu, c'est largement suffisant.

Ils sortent de l'hôpital comme des zombies, assommés, silencieux. La vision de Romain a réussi, là où tout a échoué depuis la veille, à les faire basculer dans la réalité de ce qui leur arrive. Cette fois ils ont compris, tout est clair. Même Clotilde n'a plus rien à ajouter.

Enfin presque tout.

— Vous ne l'avez pas trouvé bizarre, ce docteur Troadec ? demande Agnès. La façon dont il parlait de Romain, dont il nous a dit qu'ils soignaient tout le monde.

— Sous-entendu : même lui, approuve Gilles.

— Très bizarre, opine Françoise.

— Qu'est-ce qu'il cherchait à nous dire, à votre avis ?

— Que notre fils était un casseur, je crois que c'est clair, répond Gilles. On le leur a amené en disant : c'est un casseur bla bla bla, soignez-le si vous voulez mais vous donnez pas trop de mal non plus, c'est que de la racaille.

— Tu crois ? intervient Clotilde. Non, moi j'ai plutôt eu l'impression qu'il disait ça parce que je suis médecin et Agnès sage-femme, qu'on est du métier quoi.

Innocente Clotilde, pense Gilles.

Jusqu'ici, ayant en tête les images de violence vues à la télé, et ayant retourné dans tous les sens au cours de cette longue nuit les mots de l'anesthésiste répétés par Clotilde, un objet dans le crâne, des circonstances pas claires, Gilles et Agnès en sont arrivés à la conclusion logique, la seule conclusion acceptable que leur fils, présent dans la manifestation pour une raison qu'ils ne s'expliquaient toujours pas, manifestant, donc, admettons, avait été la victime d'un affrontement brutal entre deux forces dont il ne faisait pas partie, des casseurs et des flics, deux bandes rivales, au cours duquel il aurait pris une barre de fer ou autre objet contondant sur la tête. Gilles veut bien essayer d'imaginer un autre film, se repasser la scène avec un autre casting, à total contre-emploi, ça donne souvent des choses intéressantes alors allons-y, il se force à imaginer Romain casqué, fou furieux, cognant sur des flics, rien à faire ça ne fonctionne pas, pas du tout. Il n'y croit pas. Romain, au fond de lui il en est sûr, n'a rien fait de mal.

Romain, c'est un chevalier.

Alors certes le plus souvent il n'est pas dans la diplomatie, c'est quelqu'un d'entier, mais pas dans la provocation non plus, il peut se battre à l'occasion mais c'est toujours pour la bonne cause. À l'âge de huit ans déjà, quand un autre garçon avait traité son ami coréen de chinetoque, il lui avait mis un coup de poing et lui avait cassé une dent. Certains profs à l'école ont pu le dire bagarreur mais il n'est pas bagarreur du tout, seulement ce n'est pas un lâche donc si tu vas le chercher il répond mais il faut vraiment le pousser. Ou si on attaque quelqu'un de plus faible alors là oui, il va le défendre, il a été éduqué comme ça quand tu dis une chose tu la fais, tu ne frappes jamais une femme quelqu'un de plus petit que toi un enfant, même si personnellement dans certains cas Gilles comprenait très bien qu'on puisse tuer, même si dans ce monde de collabos de lâches et d'enfoirés, il serait facile parfois de perdre les pédales, Gilles a enseigné à son fils qu'il fallait toujours respecter les règles. Jamais Romain de lui-même ne provoquera une bagarre, au contraire, à une époque Gilles s'énervait beaucoup en voiture, Romain lui disait toujours non mais ça va Papa, laisse tomber, calme-toi.

Et puis le coup de fil du ministre lui a mis la puce à l'oreille, à Gilles. Il commence à sentir qu'il y a un loup, il ne sait pas encore lequel mais il le saura, se jure-t-il en serrant les poings.

Judith, qui marche quelques pas derrière eux, ne dit rien. À elle, ça ne semble pas si impossible que Romain ait pu péter les plombs d'une manière quelconque, les parents se font toujours des illusions sur leurs enfants, ils n'ont pas idée de la violence dont Romain est capable s'il se sent dans son droit. De là à l'imaginer s'habiller tout en noir pour aller casser du flic ou des Arabes évidemment non, ça n'a pas de sens, de toute façon Romain est tout sauf raciste, sa bande de potes c'est un black un beur et un Viêtnamien, donc la vérité doit être quelque part entre les deux, on l'a agressé et il a répondu violemment, un peu trop, en tout cas il a déconné pour elle ça ne fait pas de doute. Elle sort son téléphone de sa poche et voit des dizaines d'appels manqués, ses copains qui prennent des nouvelles mais des inconnus aussi, des notifications sur les réseaux sociaux, des messages dans tous les sens. L'un d'eux retient son attention : « Tu es bien la sœur du type qui a été blessé hier dans une manif? Si oui contacte-moi j'étais sur place j'ai tout vu. » Elle ne dit rien à ses parents, répond juste à un de ses copains les plus proches en lui disant qu'elle arrive, puis rempoche son téléphone en pensant qu'ils vont bientôt avoir la réponse à toutes leurs questions.

11

— Laisse tomber, c'est une dingue,

avait dû marmonner le type en se rasseyant près de sa compagne rouge de colère qui quelques instants auparavant, assise au volant de leur Twingo, entendait se garer tranquillement sur la place qu'il lui avait gardée, en vertu de la loi non écrite qui veut que le-premier-qui-l'a-vue-la-prend, son passager dût-il pour cela descendre de voiture et s'y planter le temps que la conductrice fasse le tour du pâté de maisons puisque d'autres véhicules derrière elle l'empêchaient de faire marche arrière, ce qu'il avait fait, et ladite conductrice dût-elle à présent écrabouiller l'hystérique qui les mains jointes devant lui prétendait s'y opposer en inventant une fumeuse histoire de fils agonisant afin de leur chiper la place. Elle n'était pas dupe. Ce n'était pas parce qu'on était en face d'un hôpital qu'elle allait avaler ça.

— Ici l'assistante du professeur F., le chef du service de réanimation. Le professeur souhaiterait vous voir de toute urgence, pourriez-vous revenir très vite s'il vous plaît ?

Gilles et Agnès avaient quitté l'hôpital depuis quelques minutes à peine quand ils reçurent l'appel.

Après avoir vu Romain, ils avaient tous éprouvé le besoin de se séparer pour aller chercher un peu de réconfort ailleurs, Judith auprès de ses potes, Clotilde auprès de ses enfants, et Françoise s'était laissé convaincre de l'accompagner, se disant qu'être avec ses arrière-petits-enfants lui ferait sans doute du bien. En termes de réconfort, force était de constater qu'ils n'avaient mutuellement plus grand-chose à s'offrir, ils étaient vidés, à sec. Ou peut-être n'était-ce pas de réconfort qu'ils avaient besoin, juste de respirer un peu de bonheur, un peu d'insouciance auprès d'êtres indifférents, ou trop petits pour comprendre.

Toujours est-il qu'Agnès et Gilles étaient remontés en voiture, ne sachant trop que faire en attendant de pouvoir revenir auprès de leur fils à dix-huit heures. Ils avaient commencé à rouler, sans but précis, pour ne pas rester immobiles et tuer le temps en regardant défiler les rues de Paris. À peine avaient-ils fait quelques centaines de mètres que l'hôpital les avait rappelés, et Agnès s'était mise à trembler. Le docteur Troadec leur avait signifié expressément qu'on ne les rappellerait qu'en cas de mauvaise nouvelle donc si le grand chef, le professeur Machin voulait les voir, il n'y avait pas trente-six raisons possibles, il n'y en avait qu'une, c'était que l'état de Romain s'était subitement aggravé et qu'ils se préparaient à le débrancher.

D'où le virage brutal, première à droite, qu'avait pris Gilles afin de rejoindre au plus vite l'hôpital, maudissant les détours imposés par les sens interdits, et l'impossibilité de se garer dans le parking de l'hôpital qui affichait complet.

D'où leur soulagement lorsqu'à leur troisième passage, miracle, ils avaient aperçu une place de stationnement située juste en face du portail.

Et d'où l'attitude suppliante d'Agnès, descendue de voiture pour expliquer au type qui manifestement la gardait pour un autre véhicule la situation dans laquelle ils se trouvaient, dans un vibrant appel à son humanité.

Le type hésitait, indécis. Suivant son regard, Agnès se précipita alors, les mains jointes, vers la conductrice de la Twingo qui avait baissé sa vitre et klaxonnait impérieusement, je vous en supplie notre fils est en réanimation on vient de nous appeler il faut tout de suite qu'on y aille s'il vous plaît s'il vous plaît laissez-nous cette place, sans émouvoir une seconde la femme qui l'envoya paître sans prendre de gants, lui répondant qu'il n'en était pas question. Alors se produisit une chose que de mémoire humaine personne n'avait jamais vu : Agnès, la douce Agnès perdit les pédales et se mit à hurler, à marteler des poings la bagnole et à insulter cette femme comme elle n'avait jamais insulté personne, elle en tremblait de rage, prête à en venir aux mains, à l'étrangler cette connasse, en sorte que la femme remonta précipitamment sa vitre et que voyant Gilles ouvrir sa portière pour descendre de voiture à son tour, prêt à en découdre, le gars remonta fissa à ses côtés, décidant prudemment d'abandonner le terrain.

Lorsqu'Agnès et Gilles entrèrent dans le bureau du professeur F. – un colosse blond au teint rougeoyant et au crâne légèrement dégarni –, celui-ci était assis à son bureau, le docteur Troadec debout près de lui, ce qui confirma leur quasi-certitude qu'on allait leur annoncer une mauvaise nouvelle.

Au lieu de ça, le professeur intima au docteur Troadec de les laisser, ce qu'Agnès trouva étrange, et entreprit de leur poser sur le ton de la conversation toutes sortes de questions personnelles – ce qu'ils faisaient tous deux dans la vie, ce que faisaient leurs filles, l'endroit où ils habitaient – sans paraître soupçonner une seule seconde l'état d'angoisse dans lequel Agnès et Gilles se trouvaient, jusqu'à ce que Gilles ahuri l'interrompe en lui demandant pourquoi on les avait fait revenir, et si l'état de Romain s'était aggravé. Ces questions semblèrent surprendre le médecin. Concernant l'état de Romain il ne pouvait rien leur apprendre qu'ils ne sachent déjà, comme le leur avait déjà expliqué le docteur Troadec leur fils était dans un état très grave, critique, dont il était impossible de prévoir l'évolution ni l'issue, si ce n'est que dans tous les cas de figure y compris le meilleur, Gilles et Agnès devaient se préparer à passer un été pourri. Quant aux circonstances de l'accident, le professeur n'en savait pas plus qu'eux, mais ils allaient très certainement bientôt en apprendre davantage puisque le ministre de l'Intérieur, qui l'appelait toutes les heures – et Gilles et Agnès eurent le sentiment que le ministre et lui étaient assez proches, des copains pour ainsi dire –, parlait de venir dans le service, aujourd'hui même il l'espérait, sans quoi son week-end serait foutu, car il serait évidemment dans l'obligation d'être présent. Un été pourri et un week-end foutu, c'étaient donc les fâcheuses conséquences qu'évoquait au professeur F. le cas de Romain.

Lorsqu'au détour de son interrogatoire le professeur s'aperçut qu'Agnès et lui avaient peu ou prou le même âge et avaient été dans leur enfance voisins de palier dans un immeuble du 16e arrondissement, il s'émerveilla bruyamment de cette coïncidence il est vrai étonnante, et se mit à évoquer des souvenirs communs, tandis que Gilles se demandait s'il ne s'agissait pas d'un moyen plus ou moins habile de leur soutirer des informations, si toutes ces questions n'étaient pas motivées par le fait que le ministre voulait savoir à quel genre de famille il avait affaire. Qu'il nous demande clairement pour qui on vote, ce sera plus simple, pensa-t-il. À toutes fins utiles, il glissa que dans son métier il fréquentait beaucoup de journalistes, avec l'espoir que cela serait répété au ministre.

Agnès et Gilles sortirent de cet entretien éberlués. Jamais ils n'avaient entendu un médecin parler ainsi d'un blessé à sa famille, avec un tel détachement, sur un ton aussi mondain. Comme il n'était évidemment pas question de reprendre la voiture, ils décidèrent d'aller boire un verre dans un bar à côté en attendant l'heure des visites. Là, Agnès reçut un appel, numéro inconnu encore, un 06, depuis le matin le monde entier semblait avoir leurs numéros de portable, ils ne s'en étonnaient même plus, juste putain c'est qui cette fois-ci, le préfet de police de Paris en personne, ah d'accord, qui les informait qu'il s'apprêtait à leur rendre visite, à eux et à Romain, dès que possible, c'est-à-dire dans moins d'une heure. Agnès, qui était timide et se laissait aisément impressionner, se sentit d'un coup extrêmement fatiguée. Pour surmonter son stress et trouver le courage d'affronter ces importants personnages, elle commanda une énorme bière, ce qui n'était pas du tout dans ses habitudes, en sorte que, la fatigue aidant, elle fut bientôt complètement pétée.

Quand ils retournèrent à nouveau dans la salle des familles, le professeur F. s'y trouvait déjà en compagnie du préfet de police, échangeant avec lui des amabilités. Aussitôt les présentations faites, Gilles alla droit au but et demanda au préfet s'ils pouvaient à présent savoir ce qui s'était passé. Celui-ci s'exécuta de bonne grâce et leur expliqua que leur fils, donc – Agnès et Gilles le savaient sûrement déjà –, manifestait ce jour-là contre la loi Travail, et qu'il s'était trouvé pris au milieu de violents casseurs, armés de barres de fer et de boules de pétanque qu'ils balançaient sur les policiers, une nuée de projectiles, et que l'un d'eux, pas de chance, avait touché Romain. À moins qu'il ne soit tombé au cours de l'affrontement sur un plot métallique ou autre élément de mobilier urbain, une enquête était en cours et on ne pouvait encore se prononcer.

Lorsque Clotilde arriva, accompagnée de Françoise, elle eut la surprise de trouver sa mère, visiblement éméchée, en grande conversation avec le préfet de police, tandis que le professeur F., affalé dans le canapé en faux cuir, le regard fixé dans le vide, semblait s'ennuyer, et jetait de temps en temps un coup d'œil à sa montre dans l'attente de la visite du ministre qui se faisait de plus en plus improbable ce soir-là – sans doute pensait-il à son week-end foutu. Il ne leur manque à tous qu'une coupe de champagne entre les doigts et on se croirait dans un cocktail mondain, pensa Clotilde (et, pense le communicant de la société Cumulux, il est vraiment regrettable que la scène ait lieu en 2016, car avec une fausse fenêtre ouvrant sur un superbe paysage de Croatie l'illusion aurait été encore plus saisissante, le tableau parfait). Elle écouta, ahurie, Agnès parler au préfet de l'agression dont elles avaient toutes deux été victimes quelques semaines plus tôt, un type en bagnole avait foncé sur elles alors que Clotilde poussait Enzo dans son landau, elles avaient dû faire le tour des commissariats de police avant que l'un d'eux accepte de prendre leur plainte, mais pourquoi sa mère racontait ça maintenant, se demandait Clotilde, ce n'était ni le moment ni le lieu et bien sûr elle avait raison, Agnès n'aurait su dire pourquoi cette histoire lui était revenue à l'esprit, sans doute parce qu'elle n'avait rien à lui dire, elle, au préfet de police de Paris, en attendant l'heure d'aller voir Romain, et puisqu'elle l'avait en face d'elle autant en profiter, ce n'est pas tous les jours qu'on a le grand chef de la police en face de soi, la vérité étant, on l'a dit, qu'elle était un peu pétée et que le préfet l'encourageait, l'écoutait avec énormément d'intérêt, lui affirmant que bien sûr, ils allaient faire le nécessaire, qu'il allait s'occuper personnellement de cette affaire et ce dans les plus brefs délais, indiquant par toute son attitude qu'Agnès pouvait lui faire confiance, qu'il se plierait en quatre pour lui être agréable.

Lorsque le professeur F. aperçut Clotilde, son visage s'éclaira. Il bondit de son canapé et l'entraîna dans son bureau en disant : « Venez que je vous explique où on en est médicalement parlant », visiblement heureux d'avoir enfin en face de lui une interlocutrice à sa hauteur, une collègue. Il lui montra à nouveau le scanner et commenta avec une pointe d'admiration, comme s'ils étaient deux carabins : « Ah ça on peut dire qu'il a bien morflé, son hémisphère gauche, il a sacrément morflé. » Clotilde frémit sous le choc, et glacée par le personnage n'eut aussitôt qu'une hâte, retourner au plus vite auprès de ses parents. Outre le niveau de langage, la pratique d'une certaine asepsie verbale était dans leur profession le b.a.-ba du rapport aux familles. Comment, se demanda-t-elle, un médecin pouvait-il s'adresser à la sœur d'un patient dans un état critique en lui disant que son hémisphère gauche avait « morflé »? Elle aussi avait déjà eu des diagnostics épouvantables à annoncer et dû apprendre à des jeunes mères que leur bébé était hospitalisé en néonat ou même qu'il était décédé, en tant que gynéco obstétricienne spécialisée dans le suivi des grossesses à risques elle en avait vu des très grands prématurés, des césariennes, des forceps, avec la difficulté supplémentaire dans cette spécialité qu'une naissance est toujours censée bien se passer, c'est censé être un événement heureux donc il faut que tout soit parfait, on ne peut pas perdre une maman, on ne peut pas perdre un bébé. Et pourtant, ça arrivait. Alors il fallait essayer d'expliquer, de faire accepter l'inacceptable, avec le maximum d'empathie et d'humanité possible, c'était la partie la plus difficile du métier mais l'une des plus belles aussi, de son point de vue, et elle ne devait pas s'en sortir trop mal puisque – Clotilde en tirait une grande fierté – toutes les patientes qu'elle avait eues dont l'accouchement s'était mal passé étaient revenues la voir lorsqu'elles avaient été de nouveau enceintes, insistant pour que ce soit elle qui suive cette nouvelle grossesse.

Lorsqu'ils revinrent enfin dans la salle des familles, Judith était arrivée. Elle avait un air buté que Clotilde connaissait bien – son air d'ado mal embouchée – et lorsque le préfet lui mit la main sur l'épaule, pour la réconforter sans doute, Clotilde la vit reculer d'un pas – la sale gosse, la mal élevée – puis, apercevant sa sœur et au mépris de toute politesse, planter là le préfet pour aller vers elle et l'entraîner dans le couloir.

— Viens, il faut que je te montre quelque chose, dit Judith.

12

Quand Judith était entrée dans le bistrot, tous ses potes s'étaient levés pour la prendre dans leurs bras, comment va ton frère, et elle avait été émue de sentir autour d'elle un tel élan d'amour. Y a pas à dire, les potes il n'y a que ça de vrai, pensa-t-elle. Même si elle comprenait bien que ses parents, sa sœur et même sa grand-mère aient trop à faire avec leur propre chagrin pour s'occuper du sien, qu'ils étaient sonnés, force était de constater que c'était seulement au milieu de ses amis qu'elle retrouvait un peu d'énergie et d'espoir. Très vite, les copains de Romain, dont Judith avait fait la connaissance à son cours de théâtre, arrivèrent à leur tour et l'entourèrent, surexcités, parlant tous à la fois. Tandis que les parents de Judith n'avaient fait qu'écouter la radio, qu'elle-même avait seulement parcouru quelques-uns des messages qu'elle recevait depuis le matin via les réseaux sociaux, eux avaient cherché des infos sur Internet et à travers le brouhaha Judith finit par comprendre que des témoignages circulaient, ainsi que plusieurs vidéos de la scène au cours de laquelle Romain avait été blessé. L'une d'elles en particulier, lui apprit Noam – un ami de son frère sur qui elle avait flashé dès qu'elle l'avait vu mais qui n'avait jamais prêté la moindre attention à elle, c'était la première fois qu'il lui adressait la parole –, filmée par une chaîne de télévision russe, montrait le moment précis où Romain s'effondrait. Judith ne put se défendre d'un léger trouble lorsque Noam s'assit à côté d'elle sur la banquette, son téléphone à la main, et se serra contre elle, approchant son visage tout près du sien pour la lui faire visionner. Elle se morigéna intérieurement – comment pouvait-elle ressentir quelque chose qui ressemblait fort à de l'excitation sexuelle dans un moment pareil, elle était nympho ou quoi – et pleine d'appréhension se força à se concentrer sur l'écran du téléphone que Noam tenait devant ses yeux. Sa première réaction fut d'incompréhension : au lieu des images d'affrontements qu'elle s'était préparée à voir, la vidéo montrait une scène au premier abord banale, quotidienne, des passants marchant sur un trottoir tandis que des voitures roulaient tranquillement sur une avenue menant au périphérique, dont on apercevait au loin le panneau d'accès. Au second coup d'œil, on devinait toutefois que cette avenue avait dû connaître une journée agitée et qu'elle venait sans doute d'être rouverte à la circulation, car de chaque côté il y avait encore des grappes de CRS casqués et des cars de police arrêtés, et de-ci de-là des bouts de banderole et des tracts voletant sur la chaussée. Noam lui confirma que les images avaient été prises aux abords de la place de la Nation, alors que la manifestation était déjà dispersée, et Judith s'étonna, ne comprenant pas, dans ces conditions, ce qui avait bien pu arriver à son frère. Noam la fit taire en lui serrant le bras et murmura : Attends, tu vas voir, les yeux toujours rivés sur son téléphone, provoquant en elle un violent frisson de peur, mêlée à autre chose de beaucoup plus agréable qu'elle essaya de son mieux d'ignorer.

Tournant le dos au périphérique, la caméra bifurquait ensuite vers la droite, suivant une jeune fille qui déambulait sac à l'épaule, rejoignant quelques curieux qui observaient un attroupement à l'angle de deux rues, devant un jardinet d'immeuble entouré d'une grille verte. Noam avait levé le doigt, faisant signe aux autres de se taire. Il avait mis le volume de la vidéo au maximum et bien que la caméra soit encore loin des quelques dizaines de personnes massées devant l'immeuble, on les entendait scander : « Libérez notre camarade ! » Un homme criait : « C'est un gamin de quinze ans ! Ça pourrait être votre gamin ! » Une insulte fusait : « Enculés ! » La caméra s'avançait vers la grille ouverte du jardinet, dont un gendarme casqué, bouclier à la main, défendait l'accès, et zoomait sur un adolescent assis par terre derrière lui, les mains attachées dans le dos, entouré de quatre CRS debout. Le gamin, se rendant compte qu'il était filmé, souriait à la caméra. Dehors, les cris continuaient, insistants, « Libérez notre camarade ! » et aussi des huées, des « Hou ! Hou ! » potaches, qui le faisaient marrer. Une jeune femme s'approchait de la grille pour apostropher le CRS qui en gardait l'accès, puis voyant la caméra se cachait le visage, d'autres sortaient leurs téléphones pour filmer. À l'intérieur du jardinet, les CRS restaient immobiles, impassibles, semblant attendre quelque chose. Soudain, tournant l'angle de la rue et longeant le muret, une demi-douzaine d'autres CRS apparurent, et se dirigèrent au pas de course vers l'entrée du jardinet. C'était très rapide mais la caméra filmait en plan serré le premier d'entre eux qui sans ralentir, au moment d'entrer dans le jardin, jetait quelque chose derrière lui, on entendait une déflagration, la caméra panotait en direction des gens qui regardaient la scène, un nuage de fumée, et Judith reconnut la silhouette de Romain, vêtu d'un pantalon beige, d'une chemise blanche et d'un blouson, qui s'effondrait sur le sol.

Noam arrêta la vidéo.

— Voilà, maintenant tu sais ce qui s'est passé. Romain s'est pris une grenade jetée par un flic.

Judith, choquée, ne répondit pas.

— Je continue ? demanda Noam avec douceur.

Judith acquiesça, la gorge nouée, incapable de dire un mot et de détacher ses yeux de l'écran. C'était surréaliste.

Aussitôt après l'explosion, le niveau sonore montait de plusieurs crans et c'était la panique. Des gens se précipitaient vers Romain pour le secourir, d'autres s'enfuyaient en courant, un homme se tournait vers les flics retranchés dans le jardinet en hurlant « À l'aide ! Vous l'avez tué ! », on entendait quelqu'un crier « Assassins ! », à quoi les flics répondaient par des tirs de lacrymos. Tandis que quelques personnes saisissaient Romain par les pieds et les bras pour le porter à l'écart et le mettre à l'abri, que d'autres demandaient le nom de la rue pour appeler les secours, la caméra se rapprochait pour filmer son visage en gros plan, du sang ruisselant sur sa tempe, et Judith se sentit défaillir. Noam lui jeta un regard inquiet et voulut mettre la vidéo en accéléré.

— Bon, je vais vite, ça dure longtemps avant que les secours arrivent.

Mais Judith l'arrêta :

— Non laisse, je veux entendre ce que les gens disent.

Au milieu du brouhaha, on distinguait clairement : Arrêtez, y a un mec qui est blessé là, vous tirez dessus... C'est vous les voyous ! Vous êtes fiers de vous ? Vous devriez avoir honte ! Assassins ! Y a des milliards de témoins, ici ! Des milliards ! Certains essayaient de lancer des slogans : Paris, debout, soulève-toi, Zyed, Bouna, on n'oublie pas, mais ça ne prenait pas trop, et bientôt on entendait surtout : Ça fait un quart d'heure déjà, où sont les pompiers ? Où sont les ambulances ? Qu'est-ce que vous foutez, vous la police ?

Tandis que des gens se donnaient la main pour former un cordon autour de Romain et empêcher les curieux de plus en plus nombreux d'approcher, d'autres CRS, casqués et boucliers en main, arrivèrent, jetant au passage de nouvelles lacrymos. Certains se postèrent à l'entrée du jardinet, pour protéger supposait-on de la foule en colère leurs collègues toujours terrés à l'intérieur, d'autres devant le petit groupe qui portait les premiers secours à Romain. À l'endroit où celui-ci était tombé, la caméra filmait une flaque de sang près de laquelle un journaliste, caméra à la main, ramassait un débris de grenade en disant : C'est ça qui a pété sur le mec, une femme qu'on ne voyait pas répondait : C'est pas une lacrymo, ça, et le journaliste disait : Non, c'est une grenade de désencerclement. Enfin, après un temps qui sembla infini à Judith, un camion de pompiers arriva, applaudi par la foule, et après de longues minutes encore, les pompiers y embarquèrent Romain.

— C'est bon, ça suffit.

Quand Judith se leva, elle était toute blanche et n'avait plus qu'une idée en tête, rejoindre ses parents au plus vite. Noam lui proposa de la conduire à l'hôpital en scoot et elle accepta avec gratitude. Elle passa tout le trajet les yeux fermés, la joue collée à son blouson, ses bras lui enserrant la taille, essayant de se concentrer sur sa respiration et de ne penser à rien, à rien d'autre qu'à son cœur qui battait comme un fou. Mais c'était peine perdue : les images de la vidéo ne cessaient de défiler dans sa tête. Paradoxalement, un passage de cette vidéo lui avait redonné un peu espoir : au moment où les pompiers l'embarquaient dans leur camion, Romain semblait encore conscient et esquissait même un sourire, accompagné d'un petit geste de la main à la foule. Judith se raccrochait à cette image, à ce sourire étrange, le sourire d'un martyr, essayant de se convaincre qu'il était impossible que son état se soit ensuite dégradé si rapidement qu'il soit à présent en danger de mort, se souvenant aussi qu'elle avait toujours trouvé qu'il y avait chez son frère quelque chose de christique, comme s'il se savait promis à un destin extraordinaire qu'il était seul à connaître, quelque chose d'un héros de Dostoïevski. Même en tant que comédien, son frère, elle en était presque sûre, n'avait jamais passé un casting, comme s'il attendait que quelque chose lui tombe dessus, lui vienne du ciel, eh bien c'était arrivé, pas exactement comme il s'y attendait, sûrement, mais c'était arrivé, voilà.

Quand ils furent arrivés à destination, elle prit à peine le temps de noter le 06 de Noam avant de s'engouffrer dans l'hôpital et de foncer vers la salle des familles, au seuil de laquelle elle s'arrêta net en découvrant la présence du préfet. Rongeant son frein, elle décida sagement de remettre la révélation à plus tard et écouta sans moufter, un peu éberluée malgré tout, le haut fonctionnaire dérouler avec bonhomie à ses parents une version des faits dans laquelle des barres de fer et des boules de pétanque volant à basse altitude avaient malencontreusement percuté son frère et étaient les seuls responsables de son état. Tout au plus osa-t-elle, profitant d'un bref instant où elle se trouva seule face à lui, mentionner en marmonnant une certaine vidéo qui, lui avait-on dit, circulait, et qui ne racontait pas exactement la même histoire. Le préfet, surpris – il ne s'attendait visiblement pas à ce qu'elle soit déjà au courant –, resta interdit une demi-seconde, mais se reprit aussitôt, et son ton jusqu'alors amical vira à la condescendance. S'adressant à elle comme si elle avait douze ans, comme si elle était débile, il lui tapota le bras et se mit à lui débiter des trucs qu'elle jugea ahurissants, absurdes, faut pas se fier aux réseaux, vous savez, mon petit, faut pas se fier aux images, si bien que hérissée d'indignation elle préféra laisser tomber et s'enfermer à nouveau dans le silence, attendant avec impatience le retour de sa sœur.

Aussitôt que celle-ci apparut, visiblement assez énervée elle aussi, en compagnie du professeur F., Judith l'entraîna dehors – à l'intérieur de l'hôpital le réseau passait mal – afin de lui montrer la vidéo sur l'écran de son portable. Pas mécontente pour une fois d'apprendre quelque chose à sa sœur, elle regarda avec satisfaction les yeux de Clotilde s'arrondir de stupeur. Passé le premier choc, Clotilde regarda, indécise, en direction de la salle des familles, où le préfet se trouvait encore ainsi que leurs parents.

— Qu'est-ce qu'on fait ? On y retourne ?

Judith secoua la tête.

— Fais comme tu veux. Moi j'attends les parents ici.

Peu désireuse de retrouver le professeur F., Clotilde acquiesça et ajouta, pensive :

— D'ailleurs, en parlant de vidéos...

Elle se souvint soudain que la veille, lorsqu'elle était arrivée à l'hôpital, on lui avait remis un sac, un petit sac de plastique blanc de l'AP-HP, qui contenait les affaires personnelles de Romain, notamment son blouson ensanglanté, mais aussi la GoPro qu'il portait, attachée à son front, lorsqu'il était tombé.

— Attends-les, reprit Clotilde. Moi, pendant ce temps, je file à la maison visionner les images de la GoPro, et je vous appelle ensuite.

13

Il était un peu moins de vingt heures quand Gilles et Agnès rentrèrent dans leur appartement de Sèvres, après la demi-heure de visite autorisée à leur fils. En chemin, Judith leur avait raconté ce qu'elle avait vu, tout en leur interdisant de regarder les images – c'était trop dur et ils seraient choqués – mais en leur affirmant qu'elles ne laissaient aucune place au doute : ni barres de fer, ni boules de pétanque, la vérité était que Romain avait été blessé par une grenade de désencerclement, jetée par un flic alors que la manifestation était déjà dispersée et que Romain se trouvait au milieu de passants d'apparence plutôt pacifique. Peu après, Clotilde, qui avait entre-temps visionné les images de la GoPro en compagnie de Sandro, leur confirma au téléphone que Romain n'avait absolument pas participé à la manifestation : les vidéos montraient que durant la majeure partie de l'après-midi il n'avait fait que se balader, et ne s'était approché de la manif qu'à la toute fin, place de la Nation, alors que celle-ci était déjà en train de se disperser.

Après un instant d'incrédulité, Gilles bouillonnait de rage en repensant à l'heure qu'ils venaient de passer en compagnie du préfet de police. Voir son enfant dans un état pareil, se dire que ce n'était même pas la faute d'un connard, d'une baston qui avait dégénéré, que c'était l'État, l'État lui-même qui en était responsable, c'était déjà assez dur. Mais qu'en plus on se foute de leur gueule, qu'on ose les balader avec des histoires de boules de pétanque et de mobilier urbain, il y avait de quoi devenir fou.

— Ils n'ont peut-être pas vu les vidéos, hasarda Agnès d'une voix hésitante.

— Comment ça ils les ont pas vues, évidemment qu'ils les ont vues, ils les ont vues à la minute où elles ont été mises en ligne, on parle du préfet de police, hein, pas du charcutier du coin !

Lorsque quelqu'un du ministère le rappela pour les informer que le ministre proposait de les recevoir le lendemain matin, c'est sans hésitation cette fois que Gilles, les mâchoires serrées, accepta – OK, dix heures place Beauvau – et il se mit aussitôt en quête d'un avocat pour les y accompagner.

À vingt heures, deux articles de presse étaient en ligne. Mediapart avait dégainé en premier avec un papier qui dénonçait l'escalade policière dont se rendait coupable le gouvernement, rappelant ce qu'avait martelé le Premier ministre quelques jours plus tôt sur une radio nationale : « *Il n'y a aucune consigne de retenue, aucune consigne de ne pas interpeller, aucune consigne de ne pas aller jusqu'au bout pour appréhender les casseurs.* » Le journaliste illustrait son propos en notant que plusieurs « incidents » avaient émaillé les manifestations, et consacrait la majeure partie de son récit à celui dont Romain avait été la victime. Il rapportait les faits tels que filmés par la télévision russe, en y ajoutant quelques éléments de contexte.

À l'issue de la manifestation parisienne qui s'était achevée place de la Nation, une centaine de manifestants, refoulés par les gendarmes qui avançaient vers l'avenue du Trône, s'étaient regroupés vers la porte de Vincennes. Ce cortège « sauvage » avait alors emprunté le cours de Vincennes avec l'intention de bloquer le périphérique, projet rapidement avorté en raison de la présence massive des forces de l'ordre. Alors que les manifestants commençaient à se disperser, un lycéen coupable d'avoir jeté une canette sur un fonctionnaire avait été arrêté par une compagnie d'intervention, suscitant l'indignation des manifestants, qui avaient poursuivi les policiers de leurs invectives. Ceux-ci s'étaient alors retranchés dans le jardin d'un immeuble où des renforts appartenant à une compagnie de sécurisation et d'intervention (CSI) s'étaient bientôt engouffrés à leur tour, l'un d'entre eux jetant au passage derrière lui une grenade de désencerclement, à la suite de quoi un jeune homme – Romain – s'était effondré.

L'article précisait que selon les témoignages recueillis, s'ils étaient en présence d'une foule mécontente, mêlée à de nombreux journalistes, les policiers n'étaient ni attaqués ni encerclés, ne subissaient ni violence ni jets de projectiles, et que le policier avait lancé la grenade derrière lui sans viser, ni regarder où elle tombait.

Quelques minutes après, un article du *Monde* confirmait les infos de Mediapart, tout en y ajoutant d'autres détails, notamment qu'après que Romain avait été embarqué dans le camion des pompiers, selon les témoins sur place, il avait poussé des hurlements.

Les deux articles indiquaient que l'état de la victime n'était pas stabilisé, et concluaient en précisant que deux enquêtes avaient été ouvertes : l'une, judiciaire, par le parquet, selon lequel « *pour l'heure, rien n'indiquait que le manifestant avait été blessé en raison de l'intervention des fonctionnaires* ». L'autre, administrative, à la demande du ministère de l'Intérieur, toutes deux étant confiées à la police des polices, l'IGPN.

Et Agnès et Gilles comprirent que l'affaire Romain D. était devenue une affaire d'État.

DEUXIÈME PARTIE

1

Depuis le début de l'après-midi, Romain s'était tenu soigneusement à l'écart des affrontements. Après avoir longuement filmé le ciel, les nuages et les rues de Paris, il s'était approché du cortège tout en restant à bonne distance et avait filmé les manifestants de loin, s'appliquant à capturer au mieux les mouvements, jouant avec le grand-angle, avec infiniment de précaution et en s'écartant dès que ça commençait à chauffer, ne voulant pas risquer de se retrouver pris dans un affrontement. Son but était seulement, puisqu'il avait un après-midi libre devant lui, de tester la GoPro qu'il avait achetée la veille, officiellement pour filmer les événements organisés par sa boîte – officieusement pour réaliser il ne savait pas encore trop quoi, des sortes de reportages, voir s'il était capable de raconter des histoires, si les images pouvaient être sa manière à lui de s'exprimer, à présent qu'il avait renoncé à devenir comédien.

Au cours des travaux de fin d'études, et même s'il avait connu des sensations formidables dans ce cours de théâtre, il avait compris que la réalité de ce métier n'était pas pour lui. La concurrence était trop rude, il fallait savoir se vendre, se démarquer, être à la merci d'inconnus qui vous disent qu'ils n'aiment pas votre gueule, ou votre regard. La plupart de ses condisciples préparaient les concours des grandes écoles, le Conservatoire national, lui était déjà trop vieux. Alors quand un ancien pote du lycée lui avait proposé de créer une boîte avec lui, il avait trouvé le concept marrant et avait foncé, l'idée étant que tout le monde s'abreuvait par les mêmes canaux, au supermarché ou dans les chaînes spécialisées, et que les gens passaient ainsi à côté de beaucoup de belles choses, tout simplement parce qu'on ne les leur proposait pas. La première boisson qu'ils avaient commercialisée était une espèce de liqueur polonaise – son associé était franco-polonais –, une sorte de vodka arrangée qui rendait dingues les gens, là-bas on voyait ça partout, c'était aussi populaire qu'ici le Ricard. Ils avaient continué en important de l'étranger d'autres boissons peu connues en France, avaient acheté un lieu brut de béton et créé le fonds de commerce pratiquement eux-mêmes avec leurs petites mains qui s'en souvenaient encore, obtenu le statut d'importateurs agréés auprès des douanes et dès la première année avaient pu embaucher plusieurs employés, pour un début ça marchait vraiment pas mal.

Depuis peu, ils s'étaient lancés dans l'événementiel mais Romain continuait à chercher sa voie, à envisager d'autres pistes, car il ne fallait pas se mentir : les boissons, alcoolisées ou non, étaient loin d'être une passion pour lui – d'ailleurs il ne buvait pas ou si peu – et il avait du mal à se projeter complètement, à imaginer son avenir là-dedans. C'était plus l'idée d'entrepreneuriat qui l'avait attiré, prendre le contre-pied total du métier de comédien, ne pas avoir à postuler, à se vendre, et aussi bien sûr l'indépendance financière, avec la perspective peut-être si ça marchait bien et vite d'embrayer ensuite sur autre chose qui aurait plus de sens, dans l'artistico-culturel ou peut-être le sociétal-humanitaire, pourquoi pas la production de documentaires, ou quelque chose du genre, où cette expérience serait un plus. Sauf qu'il commençait à se rendre compte qu'une boîte ça ne pouvait pas marcher aussi vite et qu'on ne pouvait pas s'en extraire si facilement que ça, et il se demandait comment il allait s'en sortir.

À proximité de la place de la Nation, où officiellement se terminait le cortège, les traces de violents affrontements étaient visibles, il y avait encore des CRS partout. Romain aperçut un caddie brûlé et tout autour de la place des flics qui se rapprochaient avec l'intention évidente de nasser les gens qui étaient restés là. Il sentit que c'était le moment de partir. Il avait fait une vingtaine de vidéos, c'était largement suffisant. Il s'approcha d'un des CRS et lui demanda poliment : Vous faites quoi là, vous fermez la place ? Il faut partir, c'est ça ? Mais le flic ne lui répondit pas, alors Romain haussa les épaules et s'éloigna en disant : Merci de me répondre, bonne fin de journée, et il se dirigea vers l'arrêt de tram, qui affichait une bonne vingtaine de minutes d'attente. À une quinzaine de mètres de là, il vit un petit attroupement, la tête d'un flic qui dépassait de la grille d'un jardinet, avec des gens qui rigolaient en chantant gentiment : « Libérez notre camarade ! » Il décida de faire quelques images de ça, s'approcha un petit peu, commença à régler sa caméra. Près de lui tout était calme, une dame âgée passait en téléphonant et un homme de type asiatique avec une drôle de barbe, qui filmait lui aussi, lui demanda de reculer, parce qu'il se trouvait dans son champ.

Et soudain, boum, sortie de nulle part, une déflagration.

Une douleur si intense que ce n'est presque pas une douleur, c'est au-delà de la douleur, indescriptible, Romain ne sait pas ce que c'est, ni d'où ça vient. Il perd conscience une seconde ou deux le temps de s'effondrer, et lorsqu'il ouvre les yeux à nouveau le paysage autour de lui a changé, quand il les a fermés tout était calme et d'un coup c'est le chaos, il y a de la fumée, des gens qui s'agitent autour de lui, qui l'entourent, qui le prennent par les bras et les pieds, soudain il ne voit plus rien que le ciel, le ciel qui vacille et la fumée qui cache les nuages. Il y a de plus en plus de gens qui s'agglutinent autour de lui, il a du mal à respirer, il réussit à trouver assez de voix et de force pour dire écartez-vous, laissez-moi, laissez-moi respirer, et les curieux obéissent, si bien qu'autour de lui ne restent que les meilleurs, ceux qui lui apportent les premiers secours et leur panique lui fait comprendre à quel point c'est grave, comme dans les films genre *Soldat Ryan* où les gens essaient de te rassurer mais à moitié en pleurant, t'inquiète pas, t'inquiète pas tu vas t'en sortir, le sang qui pisse, ah merde, OK, donc on est à ce niveau-là de gravité, d'urgence, il choisit parmi les visages qui l'entourent un regard auquel se raccrocher, l'un d'entre eux lui inspire immédiatement confiance et lui demande d'une voix douce s'ils peuvent prévenir quelqu'un alors Romain, sans le quitter des yeux, s'entend lui donner le numéro de téléphone de Clotilde, il sait que ses parents et Nastassja sont loin, il commence à avoir froid et il se sent soudain très fatigué, une petite voix en lui crie alerte, alerte, on se concentre, pense à des gens que tu aimes, pense à des musiques, reste bien face au truc, il n'a pas vraiment peur mais pas envie de mourir non plus, pas maintenant, il essaie de se regonfler moralement, il se joue dans la tête des musiques classiques, une suite orchestrale de Bach, la bande originale de *Barry Lyndon*, au-dessus de lui il continue à voir des projectiles passer dans l'air avec en fond le ciel gris et la fumée toujours, il commence à se sentir très très bien, un peu dans les vapes mais bien, après un temps qui lui semble très très long mais il n'a plus la notion du temps les pompiers arrivent et autour de lui les gens applaudissent, les gens sont contents de voir arriver les pompiers, les flics on ne les aime pas mais les pompiers si, ceux-là sont costauds mais très apathiques, ils mettent un temps infini à l'installer sur un brancard et au moment où Romain se trouve surélevé, au moment de rentrer dans le camion, d'un coup sa perspective change, alors que jusqu'ici il ne voyait que le ciel gris et la fumée, d'un coup il voit tous ces gens qui le regardent et l'applaudissent, qui crient son nom, Romain, courage, ça va aller, la police, les caméras braquées sur lui et là il se dit merde, ça va forcément se savoir cette histoire, les gens que j'aime vont s'inquiéter, Nastassja son amour est en tournage très loin, en Islande, et sa dernière pensée avant que les portes du camion se referment est pour elle, il sourit aux caméras en se disant que peut-être elle verra les images. Puis, seul dans le camion avec les pompiers qui commencent à lui mettre un bandage, il se dit que celui qui lui fait face est sacrément costaud, une véritable armoire à glace.

Et c'est le noir.

2

À mesure que la lecture des scènes du jour avançait, Nastassja se sentait de plus en plus mal. Un des acteurs assis autour de la table lui jeta un regard en coin et elle comprit qu'il la rendait responsable de la pauvreté des dialogues, ce qui était très injuste, elle n'était que traductrice, ce n'était pas sa faute si l'histoire n'avait ni queue ni tête et que les personnages ne tenaient pas debout. Elle avait appris récemment que le scénariste était le petit ami du réalisateur, ceci expliquait sans doute cela, mais étant russe donc fataliste elle ne songeait pas à s'en indigner. Après tout elle-même n'avait été engagée sur ce film que parce que le producteur était un copain du père de Romain, ce métier ne fonctionnait que comme ça, par relations pour ne pas dire par piston, cela ne la révoltait pas plus que ça, on n'allait pas changer le monde.

Mais tout de même.

Vu le budget dont ils disposaient pour le lancement de leur nouvelle plateforme – les producteurs avaient l'ambition de concurrencer Netflix, rien que ça –, ils auraient tout de même pu faire appel à des pros au lieu de concocter cette histoire bourrée de clichés et d'invraisemblances d'une équipe de gymnastes soviétiques de retour victorieux d'une compétition internationale et qu'on se prépare à accueillir en grande pompe sur la place Rouge, mais dont l'avion, en route vers Moscou mais détourné par quelqu'un à bord qui ne veut pas rentrer en URSS, finit par se crasher en Islande. Outre le manque total d'originalité du pitch, elle avait bien essayé au début de pointer les incohérences du scénario mais on lui avait fait comprendre qu'elle sortait de son rôle et elle l'avait vite bouclée. Ce job était pour elle une chance inespérée. En plus de la traduction du script – la majorité des comédiens engagés étaient russes et ne parlaient pas un mot de français –, on lui avait offert un petit rôle – trois jours de tournage pas plus, elle mourait dans le crash –, son premier vrai rôle dans une vraie production, internationale et à gros budget de surcroît, elle n'allait pas faire la fine bouche. Scénario nul ou pas, ce serait toujours mieux que les jobs d'hôtesse qu'elle enchaînait depuis des mois, en terminant ses journées les pieds gonflés, avec l'envie de pleurer tellement les gens étaient méchants, méprisants et grossiers. Quand Gilles lui avait parlé de ce job, elle avait bondi de joie. Ici au moins les gens ne lui parlaient pas mal, elle sentait même de leur part une certaine considération pour le fait qu'elle maniait parfaitement trois langues sans accent, tandis qu'eux, Français et Russes confondus, en dehors de leur langue maternelle se contentaient de massacrer un peu d'anglais, mais pas suffisamment hélas pour communiquer entre eux, si bien qu'elle faisait aussi fonction d'interprète entre le réalisateur et le producteur, qui étaient français, et les comédiens.

Au début, franchement, elle s'était même amusée. Ses trois jours de tournage s'étaient plutôt bien passés, mais depuis leur arrivée en Islande une dizaine de jours plus tôt – ils tournaient dans un petit village à deux bonnes heures de route de Reykjavik –, les tensions s'accumulaient au sein de l'équipe. Les comédiens russes se plaignaient de l'inconfort de leur hôtel et commençaient à ne plus se supporter entre eux, sans compter qu'au vu des premiers rushes la production avait dû se rendre compte de la nullité du scénario car elle n'arrêtait pas de demander des réécritures, si bien que Nastassja recevait à présent en fin de journée les scènes qui devaient être tournées le lendemain, et passait toutes ses soirées enfermée dans sa chambre d'hôtel à les traduire avant de partir le lendemain sur le tournage. Pour les comédiens russes, un tel fonctionnement était surréaliste. Jamais chez eux, ne cessaient-ils de répéter, ils n'avaient travaillé comme ça. En Russie il y avait du copinage certes, mais les choses étaient tout de même mieux organisées. En conséquence, ils étaient tous d'une humeur exécrable, l'actrice principale faisait la gueule, et l'ambiance était à couper au couteau. Nastassja, qui en acceptant ce job avait espéré que ça lui permettrait de se faire des amis en Russie où, à part son père, elle ne connaissait personne, avait dû se rendre à l'évidence : c'était mal barré.

Le fait d'être parfaitement bilingue, c'est à sa grand-mère, sa babouchka adorée, que Nastassja le doit. Née à Moscou, elle est arrivée à Paris à l'âge de deux ans, lorsque ses parents se sont séparés et que sa mère, Irina, a commencé en France une carrière de mannequin. Son nouveau métier exigeant qu'elle voyage beaucoup, Irina a vite demandé à sa propre mère de les rejoindre, et c'est ainsi que Nastassja a été élevée par sa grand-mère dans la langue, la culture et les traditions russes, passant chaque année plusieurs semaines en Russie sans pour autant y lier de connaissances, ni même y fréquenter son père qu'elle n'a connu que bien plus tard. Outre la culture et la langue, la grand-mère de Nastassja lui a transmis l'amour et la nostalgie de son pays natal, en sorte que Nastassja, au fond d'elle, rêve d'y retourner un jour, bien que parfaitement intégrée dans la société française elle se sent déracinée, et c'est entre autres ce qui a séduit Romain, cette mélancolie toute tchekhovienne jointe à un sens aigu du sacré, lui qui est tout sauf matérialiste, tandis que de son côté elle craquait pour sa beauté de jeune dieu grec, son idéalisme et la passion qu'il avait instantanément témoignée pour elle.

Lorsque le producteur, Patrick – un type très sympa, Nastassja l'aimait bien –, entra dans la salle, vint vers elle et lui demanda d'un air grave s'il pouvait lui parler, elle sentit un pincement au ventre, un début de panique. Elle pensa qu'elle avait fait une connerie, mal traduit un épisode, qu'elle allait se faire engueuler, ou même virer. Pas fière, elle sortit avec lui dans le couloir et entendit, direct :

— Ton mec s'est pris une grenade pendant une manif, il est dans le coma, il faut que tu rentres à Paris.

Patrick n'avait pas pris de gants. Sous la violence du choc elle se plia en deux, suffoquée, et se mit à pleurer tandis que Patrick continuait, on va te changer ton billet de retour, ne t'inquiète pas pour nous, tu as fini le tournage de toute façon, pour la traduction on va se débrouiller.

La veille, alors qu'elle était dans sa chambre en train de travailler sur le texte du lendemain, elle avait reçu sur WhatsApp un message de Clotilde qui disait : « Nastassja salut, est-ce que tu peux me rappeler ? » Bizarrement elle n'avait pas fait gaffe, pourtant avec le recul elle aurait dû, si Clotilde lui écrivait sur WhatsApp au lieu de lui envoyer un texto c'est qu'elle savait que Nastassja était à l'étranger, et pour qu'elle lui demande de la rappeler alors qu'elles n'étaient pas spécialement proches – en vrai elles se connaissaient à peine – c'était forcément qu'il était arrivé quelque chose. Mais Nastassja, l'esprit ailleurs, s'était contentée de répondre gentiment que ça allait être un petit peu compliqué parce qu'elle était en Islande, et elle avait mis un message à Romain : « Ta sœur m'a demandé de la rappeler, dis-lui que je suis en Islande et que je n'ai pas beaucoup de réseau. » Ni Clotilde ni Romain ne lui avaient répondu mais elle ne s'en était pas inquiétée, elle était tout à sa traduction, elle avait terminé tard. À présent elle se demandait comment c'était possible, et comment il était possible qu'au moment de l'impact de la grenade elle n'ait pas ressenti de douleur, alors que Romain et elle étaient liés par quelque chose de si violemment, si puissamment physique que lorsqu'ils étaient ensemble ils dormaient toujours collés, encastrés l'un dans l'autre, et qu'à chaque séparation ils finissaient toujours par revenir se serrer une dernière fois dans les bras, comme aimantés.

Le premier avion pour Paris ne décollait de Reykjavik qu'à six heures le lendemain matin, ce qui voulait dire qu'il allait falloir quitter le petit village où se trouvait l'hôtel vers trois heures du matin. Il n'était encore que treize heures.

Nastassja retourna dans sa chambre et commença à faire son sac, sonnée, se demandant comment elle allait réussir à tuer le temps jusque-là. Pour se donner des forces, elle alla au supermarché du coin acheter de l'eau-de-vie, et de retour à l'hôtel commença méthodiquement à picoler tout en appelant des copains de Romain, des amis communs de leur cours de théâtre. Certains étaient déjà au courant, d'autres pas, et ceux qui l'étaient lui apprirent qu'il y avait des vidéos qui circulaient où l'on voyait Romain tomber. Elle chercha sur Internet et trouva sans difficulté la vidéo de la télévision russe, commença par ne pas vouloir la regarder et puis l'alcool aidant la regarda quand même et lorsqu'elle vit Romain la tête en sang et la flaque de sang près de lui sur le sol, elle manqua s'évanouir. Quelques jours plus tôt, avant de filmer la scène où son personnage mourait, on lui avait fait exactement le même maquillage de blessure, mais de l'autre côté, si bien que se regardant dans le miroir de la loge, c'était la même image, le visage de Romain à la place du sien. Elle eut soudain la certitude que c'était le signe qu'elle n'avait pas voulu voir, que ce tournage en Islande était maudit, que c'était à elle qu'il devait arriver quelque chose, que Romain s'était pris la grenade à sa place. Elle se souvint que lorsqu'ils s'étaient séparés – Romain l'avait accompagnée à l'arrêt du bus qui l'emmenait à l'aéroport –, au moment où il l'avait serrée dans ses bras elle avait ressenti un frisson bizarre, comme un pressentiment.

Les comédiennes du film réussirent à la convaincre de les suivre au jacuzzi, où elle tua la soirée, pensant à Romain en pleurant de culpabilité de patauger ainsi dans les bulles, puis enfin une voiture vint la chercher pour l'emmener à l'aéroport. Avant d'embarquer, elle se précipita dans une boutique de duty free à la recherche d'un porte-bonheur, un objet en bois, pour protéger Romain. Elle finit par trouver des magnets en forme de carrés avec des signes étranges, qui la faisaient penser à des symboles sacrés hindous. Elle en acheta deux – un pour elle, un pour lui –, en mit un dans chacune de ses poches, et durant tout le vol de retour les garda dans ses poings bien serrés, comme des talismans.

3

Clotilde marchait vers le Bristol, ravissante dans une robe soyeuse et claire, hauts talons dorés aux pieds, chignon banane un peu flou. Ravissante mais emmerdée que le ministre puisse imaginer qu'elle s'était apprêtée comme ça pour lui – une robe de cocktail pour un rendez-vous au ministère à dix heures du matin, elle allait passer pour une vraie cruche –, mais pas le choix puisqu'elle devrait ensuite foncer directement à la mairie du 15e – c'était aujourd'hui que Zoé se mariait et elle était son témoin.

Clotilde haussa mentalement les épaules. Après tout, elle s'en fichait.

Elle essaya à nouveau d'appeler sa mère pour lui dire qu'elle était un peu en retard mais qu'elle arrivait, et elle raccrocha aussitôt, agacée, ne comprenant pas pourquoi Agnès était sur messagerie.

Sandro était rentré et elle avait enfin pu cette nuit se reposer un peu, recharger ses batteries contre lui, se réchauffer à sa chaleur. Elle avait insisté pour accompagner ses parents au ministère, disant qu'elle était la seule capable de donner des informations médicales précises sur l'état de Romain, que c'était important. Elle n'avait pas dit qu'au fond, elle avait envie de les entendre, le ministre, le préfet et les autres, maintenant qu'ils avaient la preuve non seulement que Romain n'était pas un casseur, mais qu'il ne faisait même pas partie des manifestants, qu'il se trouvait là, autrement dit, par hasard.

La veille, c'est Sandro qui avait ouvert le sac en plastique blanc de l'AP-HP plein du sang de son frère, car Clotilde s'en sentait incapable – le fait même de voir ce sac lui donnait l'impression que son frère était mort. Il avait sorti la GoPro, essuyé soigneusement les traces de sang sur le boîtier, éjecté la carte mémoire pour l'insérer dans l'ordinateur. Tous deux s'étaient ensuite assis dans le canapé, elle s'était blottie contre lui et après avoir pris une grande inspiration, car elle appréhendait encore un peu ce qu'elle pourrait découvrir, elle avait ouvert un fichier après l'autre, dans l'ordre chronologique où ils avaient été tournés, en tout une vingtaine. Chacun d'eux était assez court et ce n'était pas du grand cinéma – Romain filmait surtout le ciel, les nuages et les rues –, mais il y avait quand même du suspense, puisqu'à mesure qu'ils avançaient, un clip après l'autre, ils savaient qu'ils s'approchaient du moment du drame. Les fichiers étaient horodatés, ce qui permettait de se faire une idée très précise de l'itinéraire de Romain cet après-midi-là, et peut-être Clotilde conservait-elle encore un doute, car elle fut soulagée de voir que seuls les derniers contenaient des images de la manifestation, alors que celle-ci commençait déjà à se disperser. Sur le tout dernier, il était environ dix-huit heures, et elle reconnut la grille verte qu'elle avait vue sur la vidéo de la télévision russe, on y était, c'était là. Un groupe était massé devant l'entrée du jardinet, des gens qui semblaient crier – la vidéo était muette –, et puis on comprenait que la GoPro tombait.

Et c'était tout. Sur la vidéo, on ne voyait même pas la brigade d'intervention arrivée en renfort dont faisait partie le flic qui avait lancé la grenade. Qu'ils ne viennent pas dire que Romain les menaçait, avait pensé Clotilde.

Lorsqu'elle arriva au Bristol, ses parents étaient en train de parler avec l'avocat et Agnès lui expliqua que la première chose que celui-ci leur avait dite avait été de couper leurs téléphones, qu'ils étaient sûrement sur écoute. Clotilde se demanda s'il n'en faisait pas un peu trop. Elle le trouva très jeune, plutôt rugueux et d'un abord pas facile, mais ce n'était pas comme s'ils avaient eu l'embarras du choix : contraint de trouver un avocat dans l'urgence, Gilles avait embauché avec gratitude le premier pénaliste qu'on lui avait conseillé, un ami de la juriste qu'il payait pour faire ses déclarations d'impôts.

À l'heure dite, ils parcoururent la centaine de mètres qui sépare le Bristol du ministère de l'Intérieur, présentèrent leurs pièces d'identité à l'entrée, déposèrent leurs affaires sur le tapis roulant et passèrent le portique de sécurité, puis en bas de l'escalier d'honneur un huissier les conduisit, gants blancs et queue-de-pie, à travers plusieurs salles en enfilade, des dorures partout, jusqu'au salon jouxtant le bureau du ministre, dans lequel se trouvait déjà le préfet de police. Celui-ci accueillit Agnès en vieille amie, s'empressa de lui annoncer qu'à propos de ce qu'elle lui avait dit la veille il s'était renseigné, que l'affaire suivait son cours et qu'il serait bientôt en mesure de lui donner des informations, tandis que Gilles, regardant les dorures autour de lui, pensait à la reconstitution des bureaux de l'Élysée qu'il avait dû imaginer pour une série qu'il avait tournée récemment, remarquant çà et là un détail, pensant qu'il aurait pu faire mieux. Puis la double porte capitonnée et semblait-il automatique du bureau du ministre s'ouvrit comme par magie et le ministre apparut, leur serra la main à tous avec une politesse exquise, leur fit signe d'entrer et de s'installer autour d'une table ovale, le long des portes-fenêtres qui ouvraient sur le jardin.

Lorsqu'ils furent tous assis, il y eut un silence.

4

Agnès contemplait, fascinée, le bureau du ministre. Il occupait, derrière le ministre à présent assis face à elle à l'autre bout de la table ovale, une bonne partie du champ de vision d'Agnès et elle ne parvenait pas à en détacher ses yeux. De sa vie elle n'avait vu un meuble pareil. Énorme, somptueux, il reposait sur huit pieds massifs et était orné sur toute sa surface visible de bronzes ciselés en formes de lyres, flambeaux, cornes d'abondance et médaillons de profils d'hommes aux fronts ceints de couronnes de laurier. Difficile d'imaginer symbole plus imposant du pouvoir, pensa Agnès, se demandant combien un tel bureau pouvait peser – pas loin certainement d'une demi-tonne – et si c'était le ministre qui l'avait choisi lors de sa nomination quelques mois plus tôt – auquel cas ce choix disait certainement quelque chose de sa personnalité, même si elle ne savait pas bien quoi –, ou s'il l'avait hérité de son prédécesseur. Auprès de ce bureau, la table ovale en verre autour de laquelle le ministre les avait invités à s'asseoir semblait ridiculement fragile, comme un message subliminal.

Elle sentait que Gilles, assis à côté d'elle, rongeait son frein. Durant quelques minutes, il avait réussi à suivre les consignes de l'avocat et à se taire pour laisser leurs interlocuteurs parler. Mais lorsqu'après un long silence le ministre se tourna vers le préfet de police et que celui-ci commença à débiter les mêmes fadaises que la veille, boules de pétanque, barres de fer, comme s'il n'avait pris connaissance d'aucun article de presse, d'aucune vidéo, Gilles n'y tint plus. Agnès comprit alors qu'il avait passé la nuit à préparer le dossier, et dans un effet dramatique qu'elle jugea un peu trop appuyé – mais après tout, c'était lui le réalisateur et qui était-elle pour juger –, il sortit de sa sacoche une photo de Romain qu'il avait imprimée en format A3, la belle photo en noir et blanc de son profil Facebook, sur laquelle il avait une gueule d'ange, ses yeux clairs légèrement levés vers le ciel, et la posa sur la table.

— Pardon de vous interrompre, monsieur le préfet, mais on parle de mon fils, là. Alors je vous montre qui c'est mon fils, c'est lui, ce n'est pas un numéro, ce n'est pas un dossier. Et ce gamin, aujourd'hui, il est dans le coma. S'il se réveille, qu'est-ce qu'on lui dit ? Nous, on a besoin de comprendre pourquoi il se retrouve dans cet état. Vous savez comme nous qu'il y a des vidéos qui circulent, apparemment il y a des policiers impliqués, alors c'est quoi la vérité ?

Et se tournant vers le ministre, il continua :

— Parce qu'il y a deux solutions, monsieur le ministre. Soit vous nous expliquez que c'est une affaire d'État et qu'on doit vous couvrir et vous nous expliquez pourquoi, soit vous nous dites la vérité. Quelle option voulez-vous choisir, c'est important cette question.

Le ministre le regardait droit dans les yeux, indéchiffrable. Il prit un long temps, semblant réfléchir, puis répondit d'une voix douce :
— Bien sûr, monsieur D., nous allons chercher la vérité.

Et tandis que le préfet reprenait le fil de sa démonstration, s'obstinant à soutenir qu'en dépit des apparences et au vu des premières constatations, il s'agissait bien d'une boule de pétanque qui aurait rebondi – comme la balle magique qui a tué Kennedy, ironisa Gilles –, Clotilde à son tour prit la parole, et Agnès fut admirative de la manière dont, au contraire de Gilles, elle parvenait à ne laisser filtrer aucune trace d'énervement, comme exprimant simplement une remarque de bon sens :
— Monsieur le ministre, si vous nous convoquez ici, c'est bien qu'il y a un problème, c'est bien que vous vous sentez coupables de quelque chose. Un accident sur la voie publique, une collision avec un poteau, on ne vous reçoit pas au ministère de l'Intérieur pour ça, vous êtes d'accord ?

Personne ne répondit.

Alors Clotilde continua – et comme elle était émue malgré tout, sa voix s'étranglait un peu :
— Moi, je suis chirurgienne. Mon métier c'est de sauver, de réparer des gens, j'y crois à fond, alors je ne comprends pas qu'on puisse détruire le cerveau de quelqu'un comme ça, sans raison.

À quoi le ministre répondit, et il avait l'air ému lui aussi, sachez que j'appelle toutes les heures pour prendre des nouvelles de votre fils, il répéta que toute la vérité serait faite, il s'y engageait, personnellement, il félicita Clotilde chaudement pour son engagement au sein du service public, la nomma responsable de la liaison entre eux et l'hôpital, qu'elle les tienne au courant de l'évolution de l'état de Romain, à n'importe quelle heure du jour et de la nuit, il lui donna son numéro de portable et que surtout elle le prévienne tout de suite s'il se réveillait, d'urgence, si Romain se réveillait il tenait absolument à en être informé au plus tôt.

Là-dessus il les raccompagna, leur souhaita bon courage, et ils se retrouvèrent dehors, déconcertés. Du côté du préfet de police, clairement, il ne fallait rien attendre, mais le ministre leur avait paru sincère, et Françoise qui n'était pas venue avec eux mais qui les attendait au Bristol trouvait aussi qu'il avait une bonne tête – et puis il était de gauche, si on ne pouvait plus faire confiance à un gouvernement de gauche où allait-on. Surtout que Gilles n'avait pas été agressif, à un moment il leur avait même dit : Écoutez, nous on n'est pas là pour vous causer des problèmes, si vous voulez même on fait la communication sur Romain ensemble. Il n'avait pas dit vous allez voir ce que vous allez voir, on va faire sauter votre gouvernement, ameuter l'opinion publique, il n'avait pas été vindicatif du tout, il leur avait juste demandé d'arrêter de les prendre pour des imbéciles, sachant que ni lui ni aucun des membres de la famille n'avait rien contre la police, ni contre le gouvernement, qu'ils voulaient seulement

la vérité.

Le seul point positif de cette entrevue, c'est que le ministre la leur avait promise.

5

Pendant les jours qui suivirent le, la – aucun d'eux ne savait plus comment nommer ce qui était arrivé à Romain, et qu'on ne pouvait manifestement plus appeler un accident : l'agression ? l'attentat ? ou comme l'avait écrit, au moins dans un premier temps, la presse, l'« incident » ? Pendant les jours qui suivirent, donc, une organisation se mit en place.

Nastassja était rentrée d'Islande et Gilles et Agnès se comportaient comme si elle faisait partie de la famille, ce qui lui faisait plaisir mais l'étonnait un peu, car après tout Romain et elle n'étaient pas mariés et n'étaient pas ensemble depuis si longtemps – en Russie, une telle attitude aurait été impensable. Gilles lui avait même proposé de s'installer chez eux, comme l'avaient fait Judith et Françoise, mais Nastassja avait décliné et, ne se sentant pas la force non plus de rester seule dans le studio qu'elle partageait avec Romain, elle avait emménagé chez un de leurs amis comédiens, dans un petit appartement de Montmartre. Dans la journée, ils se retrouvaient tous à l'hôpital, sauf Clotilde qui avait repris son travail mais dont les collègues s'arrangeaient pour qu'elle puisse se libérer tous les jours en fin d'après-midi. La précieuse Zoé, de son côté, avait activé son réseau et découvert que l'un de ses anciens internes se trouvait en ce moment en stage précisément dans ce service de réa. Elle lui avait demandé de lui transmettre en temps réel les infos sur l'état de Romain, sachant que c'était dans les soixante-douze heures suivant la première opération que le risque était maximal, en sorte qu'ayant à présent un espion dans la place, ils pouvaient lors de leurs visites éviter de leur mieux le professeur F., qui s'obstinait chaque fois qu'il croisait l'un d'entre eux à lui parler de boule de pétanque, ne semblant pas remarquer leur exaspération. Sur le plan médical au moins, se rassurait Clotilde, on ne pourrait pas les embrouiller. Et de ce côté-là, les nouvelles étaient plutôt bonnes. On avait placé sous la boîte crânienne de Romain un petit capteur de pression, une « PIC », et la PIC était stable, ce qui était un élément clé – si la pression dans le cerveau augmentait, cela signifiait que l'œdème aussi –, et éloignait la perspective d'une reprise chirurgicale. Bref, c'était bon signe, et peu à peu ils reprenaient espoir, tout en se préparant à chaque seconde à recevoir un appel disant que c'était fini, si bien qu'ils étaient en permanence comme des arcs tendus, à la limite du point de rupture, du craquage.

Le temps qu'Agnès ne passait pas au chevet de Romain, à le contempler inanimé, le visage tuméfié, entouré des grigris que Nastassja avait rapportés d'Islande, des photos de famille qu'elle-même avait punaisées sur le mur et des dessins que Chiara faisait pour lui chaque jour, elle le passait le plus souvent en compagnie de Françoise, à errer dans le jardin de l'hôpital, dont elle commençait à connaître le moindre buisson. Elle y recevait parfois la visite de l'une ou l'autre de ses amies qui venait lui tenir compagnie – pas forcément les plus proches, c'est intéressant de voir le comportement des gens dans ce genre de circonstances, se disait Agnès, on est souvent déçus mais parfois très agréablement surpris, certaines personnes se révèlent dans le malheur, on découvre chez elles des capacités d'empathie insoupçonnées, tandis que d'autres plus intimes semblent fuir, ou restent à bonne distance.

Elle apprenait aussi à connaître Nastassja, avec qui jusqu'alors Agnès n'avait guère partagé que quelques dîners en famille. Entre elles se tissait doucement un lien unique, assez proche, réfléchissait Agnès, de celui qui l'unissait à Françoise, le temps en moins. Car celle-ci, au fil des ans, était devenue pour elle non pas une mère – Françoise était totalement dénuée d'autorité – mais bien plus qu'une amie, un bizarre mélange d'amie, de mère et de sœur dont elle s'émerveillait qu'il soit à l'exact opposé des relations conflictuelles que l'on décrit souvent entre bru et belle-mère. Agnès s'émouvait à l'idée de créer de nouveau, avec Nastassja, un tel lien, comme une histoire d'amour par fils interposé, qui les unirait de manière aussi forte, sinon plus, que les liens du sang, trop souvent empoisonnés par les erreurs commises par les uns durant l'enfance des autres.

Tandis qu'Agnès rêvassait ainsi, Gilles, de son côté, se démenait pour rassembler des informations, essayer de comprendre.

Des articles continuaient à sortir dans la presse, et il était aussi question de Romain dans les journaux télévisés. Mediapart titrait : « *À Nation, la grenade de trop* » – allusion à la mort du militant écologiste Rémi Fraisse, tué par une grenade tirée par un gendarme sur le site du barrage de Sivens le 26 octobre 2014, soit six mois après la nomination du ministre de l'Intérieur, suggérant ainsi que la grenade qui avait atteint Romain pourrait cette fois lui coûter son poste – et publiait deux autres vidéos, prises par une voisine depuis l'étage d'un immeuble surplombant la scène, qui démontraient selon l'article que les conditions autorisant le lancer d'une grenade de désencerclement par les forces de l'ordre n'étaient manifestement pas réunies, les policiers qui étaient intervenus n'étant confrontés à aucun danger imminent, et la foule au milieu de laquelle avait été jetée la grenade étant composée pour beaucoup de curieux et de journalistes. Cependant que d'autres médias assuraient que les policiers avaient été « *encerclés* », s'obstinaient à parler de Romain comme d'un manifestant, et précisaient que la grenade avait été lancée au ras du sol, « *dans les règles de l'art* » – ça revenait souvent, les règles de l'art –, ou même, se faisant l'écho des enquêteurs, mettaient en doute le fait qu'une grenade de ce type, lancée au ras du sol, ait pu occasionner une blessure aussi grave. Le traitement du sujet par France 3 avait particulièrement ulcéré la famille : loin d'accabler le policier, le journaliste critiquait les passants qui avaient porté secours à Romain, suggérant que leurs gestes « *sans doute inappropriés* » avaient certainement aggravé son état, cependant que sur TF1, le journal télévisé consacrait à l'affaire exactement trente secondes, après s'être étalé durant plusieurs minutes sur la visite du ministre de l'Économie dans un bureau de poste, au cours de laquelle celui-ci, pris à partie par une foule hostile, s'était pris un œuf sur la tête.

Un peu déconcerté par ces versions contradictoires, Gilles épluchait inlassablement tous les articles, appelait les journalistes, entrait grâce à eux en contact avec des témoins. Accompagné de Judith, il rencontra ainsi le photojournaliste et le street medic qui avaient apporté les premiers secours à Romain. Le premier – ils sauraient plus tard que c'était l'homme au regard duquel Romain s'était raccroché – leur raconta avec émotion que cinq ans plus tôt, un de ses camarades journalistes était mort dans ses bras dans des circonstances analogues à Tunis, alors qu'il couvrait les manifestations du Printemps arabe en tant que reporter indépendant. Lorsqu'il avait vu Romain tomber, il avait cru revivre ce moment et éprouvé le même sentiment d'incrédulité et de fureur. Comme le street medic, il assurait que le lancer de grenade avait été parfaitement gratuit, que la foule n'était pas menaçante mais plutôt bon enfant.

Tous les jours vers la même heure, selon une mécanique bien huilée, Gilles recevait un appel du ministre et Agnès du préfet de police – comme si ceux-ci, s'étonnaient-ils, s'étaient partagé les tâches et les interlocuteurs. Le ministre assurait Gilles de son implication et lui demandait des nouvelles, et Gilles – qui, de par son métier, avait l'oreille et entendait tout de suite quand un comédien parlait faux –, sentait bien à sa voix que son empathie était sincère, d'autant plus – Gilles ne se faisait aucune illusion là-dessus – que leur famille ressemblait à la sienne, qu'ils faisaient partie du même monde pouvait-on dire. Au cours d'un de ces coups de fil, le ministre se laissa aller à parler de ses enfants, suggérant que ce qui était arrivé à Romain aurait pu arriver à son fils – contrairement à Rémi Fraisse, pensait Gilles, qui n'était pas un délinquant non plus mais tout de même un zadiste, et qui bien que pacifiste se trouvait pour ainsi dire dans une zone de guerre, Romain n'était même pas un manifestant, c'est du moins ce qu'assuraient ses parents et le ministre était tout disposé à les croire, il était un simple passant, un observateur, autrement dit ce qui lui était arrivé à lui pouvait arriver à n'importe qui et dans un État de droit comme la France, tout le monde était bien d'accord que cela ne pouvait pas rester impuni. Quand Gilles raccrochait, il se rendait à peine compte que le ministre s'était certes abstenu de parler de boules de pétanque ou de plot métallique mais qu'il n'avait pas parlé non plus de grenade, restant en cela dans son rôle, ne pouvant malgré sa compassion et toutes les vidéos désavouer sa police ni préjuger *a priori* du résultat d'une enquête en cours – et s'il s'en était aperçu, Gilles en aurait sans doute convenu lui-même, peut-être même en aurait-il profité pour donner à ses filles une petite leçon d'éducation civique sur le principe de séparation des pouvoirs –, le fait étant que lorsqu'il raccrochait Gilles se sentait malgré son angoisse un peu apaisé par la sympathie que lui témoignait le ministre, et qu'il ne pouvait s'empêcher de lui faire confiance.

6

Comment peut-on être aussi naïf, se demandait Judith.

Elle ne comprenait même pas ce que ses parents avaient pu espérer de cette rencontre avec un ministre. Elle avait l'impression qu'ils avaient été absurdement flattés, comme s'il n'était pas évident qu'il les recevait seulement pour les enfumer – la sincérité du ministre, son père avait beau dire, elle n'y croyait pas une seconde. L'avocat pareil, il avait porté plainte pour « violences volontaires avec arme par une personne dépositaire de l'autorité publique » au nom de Gilles, Agnès et Clotilde, elle était convaincue que ça ne servait à rien, la justice n'était jamais rendue dans ce genre de cas, c'était à ses yeux une complète perte de temps et d'énergie. D'ailleurs, comme par hasard, elle n'y avait pas été associée, ça s'était sans doute décidé au Bristol et personne n'avait songé à lui demander son avis. La naïveté de ses parents lui faisait presque de la peine, leur certitude que justice serait faite, que vu les preuves qui commençaient à s'accumuler le contraire était impossible. Comme souvent, elle se sentait à côté, en marge. Nastassja, heureusement, était rentrée d'Islande et Nastassja était de son avis, Nastassja non plus ne se faisait aucune illusion et se tenait à ses côtés dans les discussions de plus en plus animées concernant l'attitude à avoir envers la presse.

Car sur ce sujet brûlant, deux camps étaient en train de se former dans la famille.

Quand Clotilde avait lu un article dans lequel un représentant d'un syndicat policier expliquait qu'on ne pouvait se fier aux vidéos qui circulaient car on n'y voyait que la fin de l'intervention des policiers, et que ce type d'images ne disait pas ce qui s'était passé « avant », insinuant que Romain avait sans doute, « avant », cassé du flic, elle qui avait vu les images de la GoPro avait été révoltée. Depuis, elle était vent debout, disait qu'il était urgent de prendre la parole pour rétablir les faits, d'allumer des contre-feux dans les médias pour éviter que les mensonges se propagent et se transforment en vérité officielle, avant que l'affaire ne finisse par être oubliée – on savait bien comment ça se passait avec les infos, un scandale en chassait un autre et le public avait la mémoire courte. Une bavure policière, disait-elle, c'est comme une erreur médicale : inacceptable pour la famille, scandaleuse sans doute, mais le minimum, quand ça arrivait, était de la reconnaître et de l'assumer, ça faisait partie du job, on ne pouvait pas se planquer, et elle n'admettait pas que ceux qui avaient mis Romain dans cet état puissent se cacher derrière des mensonges.

Tandis que Judith, elle, était convaincue que jeter ainsi son frère en pâture aux médias, alors que la presse avait jusqu'ici préservé son anonymat, était une très mauvaise idée, qu'il serait impossible ensuite de faire marche arrière et qu'il fallait attendre que Romain se réveille, ne pas prendre de décisions qui le concernaient au premier chef et avec lesquelles il ne serait peut-être pas d'accord. Nastassja, ajoutait-elle, était d'ailleurs de son avis, elle qui savait à quel point Romain était pudique, combien il détestait être exposé.

Écartelés entre leurs deux filles, Gilles et Agnès hésitaient. Le compagnon de Stéphanie, l'amie décédée de Gilles, qui était producteur d'un magazine télévisé à forte audience, avait promis de faire une émission sur l'affaire et Gilles était tenté de se reposer sur lui pour rétablir les faits. Par ailleurs, plus ils reprenaient espoir, plus la perspective d'un réveil de Romain se rapprochait, plus ils se sentaient paralysés, redoutant de faire des choix que leur fils pourrait plus tard leur reprocher – Romain, si on décidait des choses pour lui, pouvait se mettre très très en colère. Et puis ils gardaient en tête la promesse du ministre, que toute la vérité serait faite, les médias pouvaient bien raconter ce qu'ils voulaient, au fond d'eux ils avaient confiance en la justice, qui pensaient-ils suivait son cours.

Un soir, les tensions accumulées dégénérèrent en franche engueulade. Gilles venait de recevoir une invitation d'une émission télévisée d'« infotainment » populaire et, poussé par Clotilde, songeait à l'accepter, tandis que Judith protestait que c'était n'importe quoi et qu'il ne fallait surtout pas faire ça. Compte tenu de l'état de nervosité et de fatigue dans lequel ils se trouvaient tous, le ton monta très vite.

Et lorsque Françoise prit le parti des « autres » – par là il fallait entendre, ses parents et sa sœur –, commençant elle aussi, ce qui n'arrivait jamais, absolument jamais, à élever la voix, Judith devint hystérique, cassa une chaise, s'enferma dans sa chambre et le lendemain décida de rentrer chez elle. À mesure que grandissait en elle la certitude que son frère allait se réveiller, elle voulait se concentrer là-dessus, ne plus penser qu'à ça, se préserver de l'agitation de ses parents autour du ministre, de l'avocat et de la presse, qui l'exaspérait. Noam était d'accord avec elle, et elle voulait aussi passer davantage de temps avec lui – la veille, ils s'étaient embrassés pour la première fois –, même si chaque fois qu'elle s'autorisait à être heureuse ne serait-ce qu'une seconde, la pensée de Romain inconscient lui revenait ensuite comme un coup dans la poitrine et qu'elle se sentait aussitôt submergée de culpabilité.

Le même soir, Zoé appela Clotilde.

— Écoute, mon interne vient de m'appeler, ils vont essayer de réveiller Romain.

7

Quand Romain ouvre les yeux, tout est noir. Autour de lui, personne. Il ne sait pas où il est. Il essaie de bouger et il se rend compte qu'il est attaché. Il ne sait pas s'il rêve, s'il cauchemarde. Tout près, il entend des gens pleurer. Il comprend alors qu'il n'est pas seul, que des gens meurent à côté de lui, ou peut-être est-il déjà mort, peut-être a-t-il été enterré vivant. Une personne qu'il ne reconnaît pas s'approche, il lui demande qui elle est et ce qu'il fait là mais la personne ne veut pas lui répondre. Alors il commence à s'agiter, pourquoi on ne veut rien me dire, qu'est-ce que c'est que ce bordel, tout est flou. Puis c'est le noir à nouveau. Lorsqu'il rouvre les yeux, une seconde ou un siècle plus tard, il a devant lui le visage de Nastassja et il a pour elle un élan d'amour, sa présence lui donne force et espoir mais aussitôt elle disparaît et à sa place il y a deux autres visages familiers qui le regardent d'un air triste, alors il les supplie d'arrêter le jeu, dites-leur tout de suite de me laisser sortir, faites-moi signer un papier, qu'on m'explique ce que je fais là, qu'on m'apporte une cigarette un verre d'eau une coupe de champagne, qu'on fasse venir quelqu'un pour m'expliquer ce qui se passe.

Mais personne ne lui répond, on se contente de resserrer un peu ses liens et de nouveau il est seul. Il a mal, très mal au crâne. Pas seulement au crâne, il a mal partout. Il tourne la tête et sur le mur près de lui il voit des photos de sa famille, des dessins d'enfant, et d'un coup ces photos racontent quelque chose d'encore pire que tout ce qu'il aurait pu imaginer. Et à présent Romain a compris. Il est séquestré. Il est l'otage de terroristes, ou dans un hôpital psychiatrique, et tous ceux qu'il aime sont complices. On lui a mis leurs photos sous les yeux pour mieux le torturer.

8

Le jour suivant, ils arrivèrent à l'hôpital noués, partagés entre l'allégresse et l'appréhension.

L'infirmière de garde ce matin-là leur annonça que Romain s'était réveillé plus vite que les médecins ne s'y attendaient, aussitôt qu'ils avaient diminué les sédatifs, mais qu'il était encore intubé, car avant de retirer la sonde ils devaient s'assurer qu'il était capable de respirer tout seul   devoir réintuber un patient n'était jamais sans risque. Aussitôt Clotilde s'inquiéta, disant que ce devait être atrocement douloureux pour lui, à quoi l'infirmière répondit, fataliste, que ce n'était sûrement pas agréable, mais qu'ils n'avaient pas le choix. Elle ajouta d'un ton mécontent que Romain se montrait très agressif et compliqué à gérer, et que s'il continuait à s'agiter ainsi, ils seraient contraints de le rendormir. Ses proches furent toutefois autorisés à le voir, tour à tour, deux personnes à la fois.

Après s'être concertés, ils décidèrent de laisser Nastassja entrer la première, seule. Celle-ci, après deux ou trois minutes à peine, ressortit en larmes, leur faisant signe de prendre la suite car elle était incapable de parler, et s'enfuit dans le couloir. Agnès et Judith échangèrent un regard inquiet. Sur le seuil, Agnès eut un mouvement de recul : au lieu de son fils, elle avait devant elle une bête furieuse, toute gonflée bouffie d'œdème, non seulement du visage mais aussi des bras, des pieds, de partout, un bibendum au regard de fou dangereux qui se débattait pour essayer de se libérer des contentions qui l'attachaient à son lit et du tuyau enfoncé dans sa gorge, en vociférant de manière inintelligible – les premiers mots qu'ils comprirent, que Romain répétait en boucle, furent : Pas un CRS, un manifestant, puis des injures, la grosse pute elle m'a attaché, laissez-moi sortir.

Quand Judith à son tour s'approcha, il ne la reconnut pas et c'était bien réciproque, il avait un regard de détraqué, la bouche légèrement ouverte, un filet de bave coulait sur son menton. Il essaya de lever la tête pour la regarder par en dessous et elle eut un sursaut de peur en découvrant ses yeux, les pupilles tout en haut comme dans certains films les tueurs en série, pensa Judith qui était fan de ces histoires-là, comme s'il n'y avait plus d'âme en lui, plus de conscience.

Et tandis que le professeur F., dérangé au milieu d'un rendez-vous car personne ne s'attendait à ce que Romain se réveille aussi vite, lui faisait faire quelques tests basiques, cligner des yeux, regarder à gauche, essayer de dire un mot – chaque fois que Romain y parvenait, le visage du professeur s'illuminait comme devant un miracle –, Agnès et Judith échangèrent un regard atterré, pensant toutes deux la même chose : Romain était réveillé, mais ce n'était plus Romain. Quand le médecin lui demanda en les montrant s'il les reconnaissait, Romain articula péniblement que oui c'étaient sa mère et sa fiancée et Agnès lui dit doucement que non, c'est ta sœur, ce n'était pas grave mais à Judith ça lui fit froid dans le dos, son frère qui était si intelligent, qu'il ait perdu ses capacités d'un coup, qu'il soit devenu débile, même si les médecins les avaient prévenus que c'était probable elle ne les avait pas crus, ça ne pouvait pas lui arriver à lui, pour n'importe qui c'était horrible mais pour Romain c'était juste pas possible, jamais il ne pourrait vivre comme ça, jamais il ne supporterait d'être ainsi diminué.

Le soir, ils rentrèrent chez eux détruits. Clotilde avait prévenu ses parents que le réveil ne serait pas forcément idyllique, mais c'était pire que tout ce qu'ils avaient imaginé. C'est bien pire que quand il était endormi finalement, pensa Agnès, le voir endormi ils commençaient à s'y habituer et au moins il avait l'air calme et paisible, alors qu'à présent non seulement il était devenu un autre, mais il semblait si malheureux que l'idée qu'il puisse rester ainsi toute sa vie était insupportable.

C'est alors qu'elle reçut un message du préfet lui disant qu'il avait appris le réveil de Romain et lui faisant part de sa joie, ajoutant qu'il viendrait dès le lendemain à l'hôpital pour lui serrer la main, et se réjouir avec eux de son état de santé.

9

Le préfet finalement n'était pas venu. Agnès l'avait poliment mais fermement découragé : monsieur le préfet je pense que vous avez d'autres chats à fouetter, il y avait des inondations dans Paris encore des manifs il devait avoir des milliards de problèmes à gérer, vraiment, lui avait-elle dit, je pense que ce n'est pas nécessaire.

Dans la foulée elle informa le professeur F., lorsque celui-ci au détour d'une phrase parla à nouveau de la boule de pétanque que Romain avait reçue dans la tête, qu'elle ne souhaitait plus désormais échanger avec lui un seul mot, en dehors des informations strictement relatives à l'état de santé de son fils.

Agnès était à bout.

Comme Romain s'agitait trop, on dut le rendormir et le réveiller plusieurs fois avant de l'extuber. Les relations de la famille avec certains membres du personnel soignant devenaient de plus en plus tendues. Deux des infirmières, en particulier, ne cessaient de se plaindre de lui, disant que Romain était impossible, agressif, qu'il leur parlait mal, et en guise de rétorsion l'attachaient de plus en plus serré, ce qui augmentait encore son agitation. L'une après l'autre, Agnès, Nastassja et Clotilde tentèrent de parlementer, d'expliquer que dans l'état semi-délirant où se trouvait Romain, la contention l'angoissait terriblement. Profitant des tours de garde pour identifier les infirmières qui leur semblaient les plus susceptibles de compassion, elles essayèrent de les attendrir, mais les plus gentilles d'entre elles se contentaient de secouer la tête d'un air désolé, leur faisant bien comprendre qu'elles ne faisaient qu'obéir aux ordres et que ce qui concernait Romain n'était pas de leur ressort. Pour finir, n'y tenant plus, Nastassja entreprit de desserrer elle-même ses liens, sous le regard inquiet de Clotilde. Aussitôt, Romain s'apaisa. Dès lors, chaque soir en arrivant, Clotilde elle aussi le détachait un peu, discrètement, espérant que l'infirmière de nuit ne s'en rendrait pas compte. Lorsqu'il reconnaissait l'un d'entre eux, Romain le suppliait de ne pas le laisser, parlant de l'infirmière qui lui mettait de la Betadine comme d'une espèce de bourreau, disant à Nastassja cette grosse pute elle m'a attaché elle me met de la fraise partout, je comprends pas pourquoi elle me met de la fraise. Ils ne pouvaient toujours le voir qu'une petite demi-heure le matin et le soir, et tous les soirs quand Agnès s'en allait Romain suppliait, me laissez pas, me laissez pas, parlant difficilement si bien qu'elle ne comprenait pas toujours ce qu'il essayait de lui dire, jusqu'au moment où elle entendit distinctement : Comment tu peux me laisser je suis TON SEUL GARÇON, ton seul garçon et tu me laisses avec eux, et ces mots lui brisèrent le cœur, c'était trop, elle ne put retenir ses larmes. Gilles, en larmes lui aussi, répondit à Romain : Mais mon grand, on est obligés de te laisser, ne sachant comment faire pour le calmer, alors qu'on leur avait bien dit qu'il ne fallait surtout pas qu'il s'agite, que ça faisait monter la pression dans le crâne, que ça pouvait comprimer le cerveau et être très dangereux pour lui.

Ça dura comme ça pendant trois jours.

Pendant trois jours Romain cria, se débattit, pleura.

Chacun à leur tour, ils craquaient. Un soir ce fut Judith qui exigea de rester, refusant de laisser dormir son frère tout seul, après que l'infirmière de garde cette nuit-là s'était à nouveau plainte de lui, disant qu'il avait agressé une aide-soignante en lui prenant le bras et que ce n'était pas acceptable. Agnès aussi, alors, se mit à crier, enfin vous devriez savoir qu'un jeune qui se réveille il ne se contrôle pas, vous savez quand même ce qui lui est arrivé, trouvant invraisemblable de voir son fils ainsi maltraité alors que la victime c'était quand même lui, mais sans doute cette infirmière ne lisait-elle pas la presse, ou elle n'en avait rien à faire, toujours est-il qu'elle parlait toujours de Romain comme d'une racaille, une petite frappe. Le ton était monté au point que Gilles lui-même s'inquiéta et tenta de calmer le jeu – Gilles qui toutes les nuits rêvait qu'au volant d'une camionnette il fonçait sur les flics qui avaient fait ça à son fils, toutes les nuits il les alignait et leur disait à tous, les médecins de l'hôpital et le préfet compris, tenez prenez-la, vous, la grenade dans la tronche, vous verrez ce que ça vous fait, vous verrez si c'est pas grave et si ça vous rend pas agressif –, il prit l'infirmière à part et s'exhortant au calme, de son ton le plus empathique lui dit je comprends, vous faites un métier difficile mais vous savez mon fils vient à peine de sortir du coma, il a vécu un grave traumatisme et il n'est pas tout à fait lui-même, essayez d'être indulgente, sachant que l'infirmière allait passer la nuit seule avec Romain et ayant peur qu'elle se venge sur lui, prêt à ramper devant elle, à lui passer toute la pommade nécessaire, en couche épaisse, pour éviter qu'elle lui fasse du mal, pour qu'elle soit gentille avec lui.

Zoé, cependant, tentait de les rassurer, expliquant que vu la quantité de drogues qu'on avait administrées à Romain – elle savait exactement par l'interne quels produits il avait eus et à quelles doses – son comportement était normal, que les jeunes quand ils se réveillaient étaient souvent violents, qu'ils disaient des gros mots, mais qu'il allait finir par s'apaiser.

Il fallait seulement attendre.

10

Tandis que la plupart des médias étaient déjà passés à autre chose, deux ou trois journalistes pugnaces s'obstinaient à suivre l'affaire. Sur Mediapart, Gilles lut le 2 juin le témoignage d'une certaine Viviane, une jeune femme qui se trouvait à côté de Romain et qui avait été blessée elle aussi, mais légèrement, par la grenade qui l'avait touchée au pied. Davantage que sa propre blessure, ce qui l'avait le plus traumatisée, expliquait-elle, était d'avoir vu ce garçon qu'elle ne connaissait pas s'effondrer au sol, la tête en sang, tandis que des personnes autour de lui criaient « Il est mort! ». Elle ne devait qu'au hasard, assurait-elle, que la grenade ait ricoché sur elle avant d'exploser sur lui, ajoutant que s'il y avait eu des violences, un danger, jamais elle ne serait restée là, et s'indignant que les flics non seulement aient jeté cette grenade gratuitement, mais qu'ensuite ils aient continué à essayer de disperser la foule sans rien faire pour porter secours au blessé. Le camarade qui était avec elle, interrogé par le journaliste, avait vu lui aussi Romain tomber, les bras en croix sur le sol. Il s'était approché, avait vu le trou dans la tempe, énormément de sang, avait demandé aux policiers d'arrêter de tirer, criant : « Vous l'avez tué ! » Et pour toute réponse, s'était pris une lacrymo.

Puis un article de *Libé*, publié le 5 juin au soir et intitulé « *De nouvelles images à charge contre les policiers* », faisait état du témoignage d'un couple d'instituteurs qui, ayant assisté à l'embarquement de Romain, conscient et presque souriant, dans le camion des pompiers, avaient trouvé étrange de voir, un peu plus tard, deux gendarmes casqués s'y engouffrer, et encore plus étrange, le lendemain, d'apprendre par les médias qu'il était arrivé à l'hôpital en état d'urgence absolue. S'étant approchés du camion, ils disaient avoir aperçu distinctement par une vitre latérale les deux gendarmes se pencher sur Romain – celui-ci restant en dehors de leur champ de vision – avec des gestes si violents qu'ils faisaient bouger le fourgon, tandis que le pompier restait en retrait. « *Premier secours, intimidation ?* » demandait le journal.

Quelques jours auparavant, Gilles avait découvert par hasard dans sa boîte vocale, qu'il n'écoutait jamais, un message de Romain datant du 26 mai – le jour du drame – un peu après dix-neuf heures, et qui n'était qu'un long hurlement. Il l'avait fait écouter au journaliste, qui avait calculé que cela correspondait au moment où Romain venait d'être embarqué dans le camion de pompiers. Peut-être Romain avait-il voulu appeler son père à l'aide, ou peut-être l'appel était-il involontaire, peut-être son téléphone était-il tombé, toujours est-il que le journaliste de *Libé* avait mentionné ce fait dans son papier, accentuant ainsi le doute qu'il faisait planer sur ce qui s'était passé dans ce camion.

Le soir même, en sortant de l'hôpital, Gilles invita Louis, le meilleur ami de Romain – en voyage au Mexique, il était rentré d'urgence pour lui rendre visite –, à venir boire un verre à la maison, où Clotilde et Sandro se trouvaient déjà. Intrigués par l'article paru dans *Libé* le matin, ils décidèrent de regarder ensemble la vidéo de la télévision russe en intégralité et en continu, ce que Gilles n'avait encore jamais fait, et prenant son courage à deux mains, Agnès se joignit à eux. Entre le moment où les portes du camion se refermaient sur Romain souriant et celui où le véhicule démarrait enfin, il ne se passait pas grand-chose. L'atmosphère alentour s'était apaisée, au point qu'il était difficile de croire qu'à l'intérieur il y avait un blessé en état d'urgence absolue. De longues minutes s'écoulaient, pendant lesquelles les policiers qui entouraient le camion et tenaient les curieux à distance discutaient avec ceux-ci calmement. On entendait des bribes de phrases, prononcées sur le ton de la conversation, c'est pas vous le problème, c'est ceux qui donnent les ordres, j'ai vingt-quatre ans et quand je vois ça, je vous jure, j'ai honte d'être français. Le chauffeur du camion descendait de la cabine, téléphone à l'oreille, montait à l'arrière voir Romain puis ressortait, semblant attendre des instructions. Clotilde, déjà très choquée non seulement par le fait que c'était une des personnes présentes sur place qui avait appelé les secours et non les policiers – alors que selon l'instruction officielle, elle l'avait appris par la presse, « *après usage d'une grenade à main de désencerclement, et en cas d'interpellation, il convient de s'assurer aussitôt de l'état de santé de la personne et de la garder sous surveillance permanente. Au besoin, un examen médical doit être effectué dans les meilleurs délais* » –, non seulement par le fait aussi qu'ils avaient continué à balancer des lacrymos sur les gens qui prodiguaient les premiers soins à Romain – l'une d'elles était tombée à un mètre de lui –, mais par le temps proprement délirant pour un trauma crânien comme celui-là qui s'était écoulé avant que Romain arrive à l'hôpital – près d'une heure et demie –, Clotilde s'exaspérait : Mais qu'est-ce qu'ils attendent pour l'emmener à l'hôpital, enfin, qu'est-ce qu'ils foutent ? Dix bonnes minutes étaient passées depuis que Romain était à bord, et le camion était toujours immobile. Enfin, un des pompiers qui se trouvaient avec lui descendit et dit quelque chose à un des policiers en faction qui cria : « Eh les gars, on a un problème ! » Deux policiers casqués se précipitèrent alors dans le camion, et Agnès qui s'était absentée un instant pour aller dans la cuisine entendit Gilles pousser un cri. Elle se précipita, inquiète, et Gilles se tourna vers elle en disant : J'ai compris.

Il s'était soudain souvenu des premiers mots que Romain avait prononcés en sortant du coma – pas un CRS, un manifestant – et toutes les pièces du puzzle s'étaient mises en place : pourquoi les flics montaient-ils dans le camion armés et casqués, sans même prendre la peine de poser leurs boucliers ? Pourquoi, alors que le camion était arrêté depuis plusieurs minutes, qu'il y avait un cordon de flics autour d'eux et qu'ils ne couraient aucun danger ? Quelqu'un avait dit à Gilles que souvent, quand on se réveillait du coma, on répétait les derniers mots qu'on avait entendus. Romain, articula Gilles livide, avait répété ce que les flics lui avaient dit dans le camion : tu diras que c'est pas un CRS, mais un manifestant qui t'a fait ça, pas un CRS, un manifestant, continuait-il, ils l'avaient cogné pour que ça lui rentre mieux dans la tête, dans sa tête trouée, que ça rentre par le trou qu'ils y avaient fait, Gilles n'allait pas jusqu'à dire qu'ils avaient essayé de le tuer, sans doute pas, juste que comme ils avaient fait une connerie, ils avaient voulu se couvrir, c'était clair comme de l'eau de roche pour lui à présent, tous les points se reliaient. Et Sandro abondait dans son sens, Sandro confirmait en tant que médecin que jamais on ne laisse approcher d'un blessé dans un état critique des flics casqués et armés, au risque de le terrifier complètement, ajoutant que de tout le vocabulaire que Romain avait dans la tête, de tous les mots que Romain connaissait, la probabilité qu'il choisisse de prononcer au moment du réveil ces mots-là était si infime qu'il n'y voyait, lui aussi, que cette seule explication.

Clotilde les écoutait, effarée, ne sachant que penser. Elle avait peine à croire que des policiers se comportent de la sorte envers un homme blessé, encore plus que des pompiers se rendent complices de tels agissements. Mais la véhémence de son père et la conviction de son compagnon la troublaient. Cette fois, sa décision était prise. Que Judith soit d'accord ou pas, et puisque son père continuait à tergiverser, elle allait monter au front, accepter l'invitation du *Petit Journal* et parler à la télévision.

11

Lorsque Romain comprit enfin qu'il n'était pas séquestré mais seulement hospitalisé, il s'apaisa, et à mesure qu'on diminuait les sédatifs, au grand soulagement de ses proches, il commença à recouvrer peu à peu l'essentiel de ses facultés, en sorte que bientôt, quoique toujours extrêmement fatigué, non seulement il les reconnut tous, mais il se montra capable d'avoir une conversation cohérente avec eux. Entre les visites de Nastassja et de sa famille, il trouvait néanmoins le temps très long, ne parvenant pas à comprendre pourquoi personne ne voulait lui dire ce qu'il faisait là, lui expliquer ce qui lui était arrivé – car lui-même ne se souvenait de rien. Les infirmières s'acquittaient de ses soins le visage fermé, refusant de répondre à ses questions et semblant lui reprocher quelque chose – Romain se demandait bien quoi. Même Nastassja, dont la présence lui procurait tant de réconfort, secouait la tête avec douceur en le regardant d'un air désolé lorsqu'il la questionnait – les médecins avaient dit et répété que toute émotion trop forte serait dangereuse pour lui –, si bien que grandissait en lui l'appréhension, et plus le temps passait, plus il redoutait d'apprendre ce qu'on s'obstinait tant à lui cacher.

Un jour enfin, ayant compris par des bribes de conversation entendues qu'il existait une vidéo de ce qui lui était arrivé, il exigea de la voir, et ses parents essayèrent encore quelque temps d'éviter de la lui montrer – leur téléphone n'avait plus de batterie, le réseau passait mal – jusqu'à ce qu'il leur demande solennellement d'arrêter de le prendre pour un con. Alors Gilles se rendit à l'évidence et céda – même affaibli et bourré de médicaments, on ne baladait pas Romain si facilement.

En regardant la fameuse vidéo, d'un coup tout revint à Romain, la succession des phases, la première toute calme où il filmait le ciel – il faisait encore beau, il y avait des jolis nuages –, puis tout à coup il perdait connaissance, deux secondes, et il se réveillait dans cette atmosphère de guerre où on lui faisait comprendre qu'il allait mourir, puis on le hissait dans le camion et les gens applaudissaient en criant son nom, c'est surtout cette image, cette dernière image héroïque qui lui était restée, juste avant que les portes du camion se referment et qu'il plonge dans le noir, les gens qui applaudissaient en scandant son nom.

En voyant la vidéo, tout se reconnecta, il se souvint de tout.

Jusque dans le camion de pompiers, au moment où les portes se fermaient.

Ensuite, c'était le noir, jusqu'à son réveil en réanimation, ce long cauchemar dans lequel quelques instants réellement vécus avec sa famille, avec Nastassja, se mélangeaient dans son souvenir avec des nuits pendant lesquelles sous l'effet des drogues il voyait, entendait et vivait des choses atroces et complètement absurdes, ne sachant pas où il était, en proie à la violence, à un terrible mal de tête, ne comprenant pas ce qu'il avait fait pour mériter ça mais obsédé par la nécessité vitale de sortir de là à tout prix, bien plus que de savoir ce qui l'y avait amené.

Dans la foulée, Gilles lui raconta la plainte qu'ils avaient déposée, le rendez-vous avec le ministre, et dans un premier temps Romain ne ressentit aucune colère, seulement de la reconnaissance, une infinie reconnaissance envers ceux qui lui avaient sauvé la vie. Voir la vidéo lui avait fait un bien fou, surtout parce que dans son dernier souvenir – ce moment où on le hissait dans le camion sous les applaudissements – il s'était dit confusément merde, mais dans quelle merde je me suis foutu, ça avait été un vrai soulagement de constater qu'il n'avait aucune raison de se sentir coupable, car au fond il était quelqu'un de très scrupuleux, de très respectueux des lois, ça lui avait ôté un poids. De savoir que ce n'était pas un accident non plus, un accident ç'aurait été pire, un accident qui n'est la faute de personne, la faute à pas de chance, personne à qui en vouloir, là c'était clairement la faute de quelqu'un, ça avait l'avantage d'être assez manichéen, il y avait d'un côté le bon, de l'autre le méchant, et ça lui semblait légitime de demander des comptes. Si bien que quand l'avocat, par l'intermédiaire de ses parents, lui fit demander s'il souhaitait se joindre à la plainte qu'il avait déposée au nom d'Agnès, Gilles et Clotilde, il répondit immédiatement que oui, ajoutant que déjà, par principe, il n'allait pas les désavouer, et que surtout, au vu de tout ce qu'il savait à présent, cela lui semblait extrêmement justifié.

C'est seulement quand Agnès lui fit écouter le message du préfet qu'il s'énerva un peu.

Que le préfet veuille venir SE RÉJOUIR de son état de santé alors même qu'il était encore en réanimation avec son trou dans la tête, uniquement parce qu'il devait penser comme tout le monde que Romain allait mourir et qu'il avait peur dans ce cas de servir de fusible, qu'il soit heureux de conserver son poste au point de vouloir venir SE RÉJOUIR à son chevet qu'un fonctionnaire sous ses ordres lui ait défoncé le crâne, Romain trouva que c'était pousser un peu loin le bouchon. Tout comme le tweet officiel de la préfecture de police de Paris qu'il découvrit plus tard et qui disait : « *Nous souhaitons bien évidemment un bon rétablissement à Romain D. Nous rappelons que lors de la présence sur ce genre d'événements violents il faut absolument porter un casque !* » Le point d'exclamation final surtout l'avait exaspéré, le sous-entendu : on te souhaite bon rétablissement mais au cas où tu serais débile et où t'aurais pas compris, c'était ta faute POINT D'EXCLAMATION – alors qu'il était de notoriété publique qu'on risquait d'être mis en garde à vue quand on portait un casque dans une manifestation sans être journaliste, parce que c'était considéré comme du matériel de défense et que ça voulait dire qu'on avait l'intention de se retrouver dans un affrontement avec les forces de l'ordre.

En réponse à l'article qui les mettait en cause, la réponse des pompiers n'avait pas tardé. Dans le *Libé* du 8 juin, le porte-parole des pompiers de Paris expliquait que dix minutes après avoir été embarqué dans le camion, conscient et dans un état apparemment stable, Romain avait fait une crise d'épilepsie, et que les secouristes débordés avaient dû appeler deux gendarmes mobiles afin de les aider à contenir les mouvements violents du blessé. Il ajoutait que les lacrymogènes lancés à proximité de Romain étaient sans doute à l'origine de ces convulsions, car il était évident que de tels gaz avaient un effet néfaste sur un homme blessé.

Ce témoignage, qui disculpait la police d'un côté (le camion) tout en l'accablant de l'autre (les lacrymos), n'avait pas convaincu Gilles, loin de là. Sandro, lui, disait carrément que c'était n'importe quoi, que Romain avait certainement convulsé dans le camion – vu le temps que les secours avaient mis à arriver, on ne pouvait pas s'étonner que son état se soit forcément dégradé et qu'il ait fait une hémorragie cérébrale –, mais qu'un pompier qui faisait plusieurs heures de sport par jour aurait évidemment pu le maintenir à lui seul. Un homme qui convulse, soutenait-il, est agité de tremblements sur place, il ne se débat pas en jetant ses bras et ses jambes partout, il n'essaie pas de s'enfuir, et même Agnès qui traitait facilement Gilles de complotiste se souvenait d'un jour de fête d'anniversaire, quand ses enfants étaient petits, où un gamin avait fait une crise d'épilepsie et où elle l'avait maîtrisé sans difficulté à elle seule. Et quand bien même Romain n'était pas un gamin, quand bien même il était grand et costaud, quand bien même les gendarmes seraient montés pour le maintenir, vu les premiers mots qu'il avait prononcés au réveil, ils l'avaient quand même secoué, pour elle ça ne faisait aucun doute.

Le jour où Romain quitta le service de réanimation pour monter en neurochirurgie, Gilles et Agnès reçurent via leur avocat une lettre du Défenseur des droits qui les informait qu'il s'autosaisissait de l'affaire, et leur demandait l'autorisation de faire une enquête parallèle – autorisation qu'ils s'empressèrent évidemment de lui accorder. De son côté, l'IGPN avait contacté Agnès alors que Romain était encore endormi, et deux policiers étaient venus à l'hôpital récupérer les affaires de Romain que Clotilde avait dû rapporter, dont son blouson et la GoPro, afin de les expertiser.

Officiellement, trois enquêtes étaient donc ouvertes, même si côté pénal aucun juge d'instruction n'avait été encore nommé, ce qui commençait à inquiéter sérieusement l'avocat qui sentait qu'aussitôt Romain réveillé les médias n'allaient pas tarder à se désintéresser de lui, aussi sans plus attendre, bien que regrettant de l'embêter avec ça, lui fit-il demander son accord pour mettre un peu la pression aux pouvoirs publics en donnant une interview à BFM TV.

Entre-temps, Romain avait réussi à récupérer un téléphone et s'était mis à lire les articles de presse, à regarder les reportages. Et plus il lisait de choses, rattrapant le temps qu'il n'avait en quelque sorte pas vécu, plus lui sautait aux yeux l'importance de ce qui était arrivé, c'est quand même rare se disait-il qu'il y ait des morts ou même des demi-morts lors d'une manifestation, le dernier en date dans son souvenir c'était Malik Oussekine et ça avait fait sauter une partie du gouvernement, dans sa conception des choses c'était donc, potentiellement, une grosse histoire. De sorte qu'il commença à avoir hâte de rencontrer son avocat pour savoir ce qu'il en pensait, concernant l'attitude à avoir vis-à-vis des médias aussi, car ses parents lui demandaient son avis là-dessus et il était partagé. Son premier réflexe avait été de leur dire qu'il ne voulait pas qu'on parle de lui comme d'une victime, qu'on le regarde comme une bête de foire, c'était tout de même sa vie, son image, et puis il se méfiait des journalistes, il voyait bien comment certains médias avaient déjà déformé les choses, plusieurs reportages le présentaient comme un manifestant, on avait même dit qu'il était habillé tout en noir alors qu'il avait un pantalon beige et un pull clair sur les épaules, bref il n'avait pas envie de s'exposer bêtement au risque qu'on le voie partout et qu'on dise n'importe quoi à son sujet. Il avait surtout envie qu'on lui foute la paix. D'un autre côté, il voyait bien l'état dans lequel étaient ses parents, le choc qu'ils avaient subi, la peine, et puis l'affaire s'étalait déjà dans les journaux, il avait l'impression de prendre un train en marche, il avait déjà un avocat, des enquêtes étaient en cours, il n'avait rien à demander, rien à revendiquer, il lui suffisait de donner son accord, ce qu'il finit par faire, si bien que le premier soir où il fut installé dans sa chambre de neurochirurgie, il regarda Clotilde en direct à la télé témoigner qu'il ne participait pas à la manif en montrant des images de sa GoPro, et c'est sur BFM TV qu'il découvrit le visage de son avocat.

Le lendemain, un billet de blog publié sur Mediapart posait un certain nombre de questions dérangeantes qui s'ajoutaient à celle, centrale, de l'opportunité de l'usage de la grenade par le policier qui l'avait lancée. L'article intitulé « *La démocratie en danger* » était rédigé dans le style du

« *J'accuse... !* » de Zola, et demandait notamment pourquoi il avait fallu plus d'une heure pour que Romain, souffrant d'une hémorragie importante à la tête et d'un enfoncement de la boîte crânienne, soit conduit aux urgences d'un hôpital. Pourquoi les pompiers avaient été appelés et non le SAMU. Et surtout : pourquoi des policiers en armes et casqués étaient montés dans le camion, alors que le blessé était encore conscient, des cris et des heurts ayant ensuite été entendus.

Hasard ou puissance de la machine médiatique, quelques jours après les interventions de l'avocat et de Clotilde à la télévision, suivies de la parution de l'article de Mediapart, le président du tribunal judiciaire de Paris annonçait la désignation d'une juge d'instruction dans l'affaire Romain D.

12

C'est fou, disait Clotilde.

Incroyable, approuvait Zoé.

La rapidité avec laquelle Romain, passé la phase atroce du réveil, semblait être redevenu lui-même ne laissait pas de les émerveiller, en comparaison des très lourdes séquelles auxquelles on les avait préparées. Clotilde y trouvait évidemment une explication rationnelle, et ne remettait pas en cause le sombre pronostic établi par les médecins à l'arrivée de Romain à l'hôpital. Le pourcentage de chances que Romain se sorte ainsi d'une telle blessure, expliquait-elle, était réellement infime. Mais la médecine se trouvait parfois face à de tels mystères, Clotilde était bien placée pour le savoir, et le corps humain était une machinerie complexe qui faisait parfois montre d'une résilience insoupçonnée. Ignorant tous les chemins tracés par le docteur Troadec dans son arbre sinistre, qui tous aboutissaient à une issue effroyable, l'organisme de Romain en avait visiblement emprunté un autre, inconnu sur la carte, inexploré, et Judith en écoutant sa sœur imaginait les petits neurones de son frère tels des aventuriers de dessin animé, taillant vaillamment à la serpe les broussailles de son cerveau, déjouant tous les périls qui le guettaient, pour parvenir enfin à mener Romain dans la clairière ensoleillée où il se trouvait à présent.

Les médecins, le professeur F. en premier, n'en revenaient pas non plus. Ils regardaient Romain comme un miraculé, s'inquiétant toutefois de son état quasi euphorique au point qu'ils jugèrent utile de consigner dans son dossier médical que Romain souffrait d'une « élation de l'humeur » qu'ils ne s'expliquaient pas, la vérité étant que quand il avait été promu – c'est ainsi qu'il l'avait ressenti – du service de réanimation à celui de neurochirurgie, il avait été carrément fou de joie : à côté du sous-sol sinistre et de ses infirmières tortionnaires, sa chambre claire, son personnel souriant lui avaient fait l'effet du plus bel hôtel du monde.

À peine arrivé, il s'échappa du service, nu sous sa chemise de bloc bleue, avec sa perfusion et son énorme casque de pansement sur la tête, et sortit de l'hôpital sous le regard éberlué des passants pour aller s'acheter des cigarettes au tabac du coin – et Agnès, qui avait espéré qu'après cet accident/agression/attentat il allait au moins arrêter de fumer, dut se rendre à l'évidence : ça n'en prenait pas le chemin. Tous les jours, Romain se levait à six heures du matin, attendait que les portes s'ouvrent et sortait sur le parking du bâtiment de neurochirurgie boire ses cafés et fumer ses clopes. Tous les jours, il croisait le professeur F. qui semblait de plus en plus agacé de le voir ainsi revenu parmi les vivants, faisant mentir tous leurs pronostics, et finit par se plaindre de Gilles, disant à Romain que son père était vraiment très stressé, très agité – comme s'il n'y avait pas de quoi, pensa Romain, à qui ses parents avaient raconté leurs conversations avec le médecin pendant qu'il était dans le coma, et qui commençait à trouver lui aussi que le professeur F. était, décidément, un drôle de personnage.

À mesure que Romain se rétablissait, Gilles, il est vrai, montait dans l'inquiétude. Obsédé par l'histoire du camion, convaincu que son fils était victime au mieux d'un mensonge, au pire d'un complot d'État, il avait engagé un garde du corps, et l'avait posté à l'entrée de la chambre de Romain en neurochirurgie, sans bien savoir ce qu'il redoutait, mais écoutant son instinct qui lui disait que clairement, quelque chose n'allait pas. Le compagnon de son amie Stéphanie lui avait expliqué, embêté, que pour des raisons indépendantes de sa volonté l'émission promise ne pourrait avoir lieu, et Gilles commençait à se demander si ça ne les aurait pas arrangés, finalement, en haut lieu, que Romain ne se réveille pas et ne se rappelle jamais ce qui s'était passé dans le camion – se disant sans doute que s'il s'en souvenait, ils allaient se retrouver sacrément dans la merde.

Dès que Romain s'était réveillé, le ministre avait cessé de les appeler. Lors du dernier coup de fil, Gilles avait tenté le tout pour le tout :

— Monsieur le ministre, vous connaissez la vérité aussi bien que moi, et même beaucoup mieux que moi, puisque contrairement à vous, je n'ai accès qu'à la moitié des infos. Vous qui les avez toutes eues, vous savez pertinemment que c'est une bavure et que Romain s'est pris une grenade dans la tête.

Puis il avait attendu.

Et durant une minute montre en main, c'est long une minute, le ministre s'était tu.

Alors Gilles avait repris la parole et conclu :
— Je crois qu'on n'a plus rien à se dire.
Le ministre avait répondu :
— Au revoir, monsieur D.

13

Le jour où l'avocat vint lui rendre visite, Romain était depuis deux ou trois jours en neurochir et commençait à se sentir en pleine forme. Il parlait libanais avec l'aide-soignant – sa première petite amie était libanaise –, blaguait avec les infirmières, sortait se balader hors de l'hôpital le matin dès que les portes ouvraient, et l'avocat qui s'attendait à trouver un jeune homme affaibli, voire au moins légèrement diminué, fut quelque peu déstabilisé. Troublé aussi par sa connaissance des enjeux, car Romain avait préparé sa visite, et l'avocat ne comprit pas tout de suite qu'en réalité il le testait, lui posant des questions dans tous les sens, l'interrogeant sur son CV, le faisant réagir sur tel ou tel aspect de son affaire, puis tel ou tel sujet sans rapport avec elle, en s'amusant de son air interloqué. Le fait est que, se trouvant bien malgré lui engagé dans un combat contre la puissance publique, Romain qui se savait tout petit face à elle ne voulait surtout pas se tromper d'avocat. Il ne voulait avoir aucun doute sur son éthique, et tenait à s'assurer que leurs personnalités et leurs visions des choses étaient compatibles. Son interview sur BFM lui avait fait bonne impression, et cette première rencontre acheva de le rassurer. Il eut même un vrai coup de foudre pour cet avocat qui, contrairement à d'autres, donnait une impression d'humilité, ne s'écoutait pas parler et s'exprimait simplement, sans effets de manche ni envolées ronflantes. Loin de le gêner, sa simplicité et les manières un peu rugueuses qui déplaisaient tant à Clotilde lui inspiraient confiance. Et Judith, lorsqu'il lui en parla, se réjouit avec lui, trouvant génial que son frère s'entende si bien avec son avocat, elle sentait même que Romain l'admirait, elle en regrettait presque, du coup, de ne pas avoir été associée à la plainte.

Ensemble ils discutèrent de l'attitude à avoir vis-à-vis des médias, sentant que déjà l'intérêt pour l'affaire commençait à se tasser, au point que l'avocat lui-même était choqué, se souvenant qu'un mois plus tôt, au début des manifestations contre la loi Travail, quand deux types avaient cassé les vitres d'une voiture de police et jeté un cocktail Molotov dedans, les images avaient circulé H24 pendant un mois, ça avait fait le tour du monde sur le thème vraiment la France est en guerre, alors que les flics n'étaient pas enfermés dedans et s'en étaient sortis indemnes, c'était évidemment très condamnable mais au final c'était juste une voiture qui avait brûlé, le cas de Romain lui semblait quand même plus grave, un être humain qui se retrouve, sans raison aucune, pronostic vital engagé, c'est-à-dire potentiellement mort ou handicapé à vie s'il n'y avait pas eu le miracle médical qu'il y avait eu et qu'on ne pouvait pas prévoir, ça méritait peut-être un autre traitement médiatique. Mais le désintérêt pour l'affaire – ou la volonté de l'étouffer, pensait Gilles – était déjà si perceptible que l'avocat lors de son passage sur BFM avait hésité à révéler que Romain était sorti du coma, pressentant ce qui allait s'ensuivre, que la question à présent n'était plus d'accepter des interviews mais plutôt de les solliciter, de relancer les médias avec le risque que les journalistes fassent mal leur boulot, déforment les faits et que ce soit contre-productif, le risque aussi que Romain apparaisse comme ce qu'il n'était pas, un mec qui voulait faire le buzz, un anarchiste antifa et antiflics.

Ils convinrent qu'à présent que leur modeste offensive médiatique avait porté ses fruits et qu'une juge d'instruction avait été désignée, il valait mieux ne pas s'exposer, ne rien dire qui pourrait être reproché plus tard à Romain et gêner le travail de l'avocat. Il valait mieux, pensait Romain, rester vierge, se marier en blanc avec la justice et la laisser suivre son cours, avec la conviction, partagée par l'avocat, que les images étaient suffisamment claires, qu'il était si évident qu'une faute avait été commise qu'elle serait nécessairement sanctionnée. Que peut-être même, rêvait Romain, cela amènerait à une réflexion sur ce qu'était la violence légitime, comment sous quelles conditions et pourquoi elle devait être appliquée, même s'il fallait pour cela se battre, il y était prêt. Et si par malheur on ne lui rendait pas justice, puisque c'était une éventualité à laquelle il fallait se préparer, il n'était pas naïf, sachant que le Premier ministre, juste avant « l'incident », au moment où les manifestations commençaient à déborder, avait appelé les forces de l'ordre à ne faire preuve d'aucune retenue, légitimant pour ainsi dire par avance ce qui était arrivé à Romain, si finalement sa plainte était rejetée et qu'on lui donnait tort, il serait toujours temps, et d'autant plus justifié, de prendre la parole.

Pendant qu'ils tergiversaient ainsi, le rouleau compresseur de l'actu continuait à avancer, et bientôt la question ne se posa même plus.

Romain sortit de l'hôpital le jour même où un couple de policiers fut sauvagement assassiné à Magnanville et ils en furent tous horrifiés, au point que Gilles se fendit d'un texto exprimant sa compassion au ministre qui l'en remercia et lui répondit qu'il était très touché. Ce fut la dernière fois qu'ils eurent de ses nouvelles.

Puis l'Euro se déroula en France, et la France se fit battre en finale. Puis il y eut l'attentat de Nice et ses centaines de victimes. Le ministre qui avait promis toute la vérité fut nommé Premier ministre, et six mois plus tard n'était plus ministre de rien du tout : la gauche avait perdu les élections et le gouvernement tout entier était balayé. Quant à la presse, elle avait des milliards d'autres chats à fouetter. Au regard de l'Histoire et puisqu'il avait survécu, ce qui était arrivé à Romain – et à quoi on ne trouvait toujours pas de nom – n'était plus qu'un minuscule, un banal fait divers, tout juste digne d'un entrefilet en page 12 d'un quotidien de province, dans la rubrique des chiens même pas écrasés.

TROISIÈME PARTIE

1

L'été qui suivit, sans être aussi pourri que l'avait prédit le professeur F., ne fut pas pour autant facile.

Sitôt rassurée sur l'état de santé de Romain, et se doutant que les aspects médico-légaux seraient importants par la suite, Clotilde avait demandé à voir le compte rendu opératoire, et s'était aperçue que celui-ci mentionnait une incision arciforme de dix centimètres or, ayant vu la blessure originelle grossièrement suturée, ainsi qu'après l'opération la plaie agrafée, elle savait que l'incision en faisait une bonne vingtaine. Agnès, de son côté, avait profité d'un moment où on changeait le pansement de Romain pour photographier la cicatrice, ajoutant le cliché au dossier rouge dans lequel elle rangeait soigneusement, jour après jour, documents médicaux et coupures de presse. Ainsi purent-elles exiger, photos à l'appui, que le compte rendu soit rectifié. De même, lorsque Romain au bout d'une semaine en neurochir put sortir de l'hôpital, Agnès eut la surprise de constater que le compte rendu d'hospitalisation, en face de la mention « *traitement de sortie* », indiquait : « *aucun* », alors qu'on leur avait bien expliqué que, vu qu'il lui restait des contusions dans le cerveau – des traces sur le parenchyme du tissu cérébral, avaient-ils dit –, Romain devrait prendre un traitement antiépileptique à vie. On lui avait donc prescrit du Kepra à haute dose pour une durée indéterminée, ce qui pouvait à juste titre être considéré comme une séquelle et là encore, avec le soutien de l'avocat, Agnès réclama que ce soit noté, se demandant s'il s'agissait de simples négligences ou si – comme Gilles en était convaincu – l'hôpital était complice d'un complot visant à enterrer l'affaire, décidée si tel était le cas à ne pas laisser faire.

D'autant plus que, passé le soulagement qui avait suivi le réveil et le retour de Romain à un état quasi normal, très loin de celui de légume qu'on leur avait annoncé, Agnès et Gilles s'étaient peu à peu rendu compte qu'il n'avait plus ni goût ni odorat, qu'il avait beaucoup de douleurs, qu'il était très fatigué et avait du mal à se concentrer, bref qu'il était loin d'aller aussi bien qu'il le leur avait fait croire les premiers jours, car Romain avait à cœur de les rassurer, aussi ne se plaignait-il jamais, et feignait-il d'apprécier les plats asiatiques qu'ils lui apportaient à l'hôpital, croyant lui faire plaisir. C'était une sensation très bizarre car il avait le souvenir du goût mais le goût lui-même ne venait pas et d'autres saveurs complètement incongrues arrivaient à sa place. Il essayait de se persuader que ça allait revenir, mais, le temps passant, il finit par avouer à ses parents la vérité, à savoir que les fleurs qu'il recevait de ses visiteurs sentaient bizarrement le steak haché. Sans compter que comme il lui manquait un quart du crâne, il n'y avait que la peau sur une bonne partie de son cerveau, un « volet crânien », dans le jargon médical – devant son box de réanimation, un grand panneau avertissait : « Attention, volet crânien », signalant ainsi qu'il fallait manipuler le patient avec d'infinies précautions, ne surtout pas le cogner ni évidemment qu'il tombe –, ce qui fait qu'il vivait, depuis qu'il était sorti de l'hôpital, dans une terreur permanente d'être bousculé ou de perdre l'équilibre, s'il s'aventurait à mettre le nez dehors.

Pour cette raison, assez vite et afin de le protéger, ils partirent pour le cap Ferret où Romain resta jusqu'au mois de septembre, ne quittant pratiquement pas le jardin. Une seule fois, il sortit très tôt le matin, avant la foule, pour aller saluer la marchande de primeurs du marché qui avait pris de ses nouvelles tous les jours durant son hospitalisation et qui lui tomba dans les bras, pleurant presque d'émotion de le revoir, ce qui le toucha énormément. Comme le touchèrent d'autres témoignages de sympathie qu'il reçut durant l'été, une lettre d'un gendarme, les moines de l'abbaye Machin qui priaient pour lui, d'autres témoignages aussi, de gens qui étaient sur place, des petites choses inattendues, parfois étranges mais qui compensaient un peu les commentaires haineux qui apparaissaient périodiquement sous les vidéos qui étaient toujours en ligne, du genre « il n'avait qu'à porter un casque ce petit con ».

Passé l'euphorie des premiers jours, Romain était devenu extrêmement irritable. Il souffrait beaucoup, se sentait épuisé, et autour de lui, tout le monde marchait sur des œufs. Quand Clotilde arriva pour les vacances avec ses enfants, qui étaient petits et faisaient forcément un peu de bruit, cela rendit Romain carrément hargneux, et Nastassja éprouva le besoin de s'évader cinq jours avec des copines à Biarritz pour souffler un peu, avant de repartir bosser comme hôtesse au mois d'août : à la suite de l'hospitalisation de Romain, elle avait dû renoncer à travailler à Roland-Garros en juin et elle n'avait plus un sou. Bien qu'elle aimât beaucoup la famille de Romain, vivre de manière permanente en huis clos avec eux comme elle le faisait depuis deux mois commençait à être un peu étouffant. Surtout, mais elle ne le disait à personne, elle n'en pouvait plus d'avoir peur, peur de partager un lit avec Romain, peur de faire un faux mouvement dans son sommeil et de lui faire mal sans le vouloir, son cerveau protégé seulement par une mince paroi de peau, elle n'osait pas le lui dire mais c'était quand même flippant, ça la terrifiait, quand il voulait faire l'amour elle ne se sentait pas le cœur de se refuser à lui mais c'était pour elle, chaque fois, une épreuve.

Peu de temps après son réveil, alors qu'il ne parlait pas encore bien et qu'il délirait, se croyant toujours séquestré, Nastassja se trouvait avec Agnès à son chevet quand Romain lui avait demandé de lui faire une pipe, en présence de sa mère, lui qui était en temps normal si pudique. Elle avait été atrocement gênée, était devenue rouge écrevisse, elle aurait voulu rentrer sous terre. Heureusement Agnès n'avait pas compris – ou elle avait fait semblant. Et Gilles qui était un incorrigible romantique racontait à tout le monde que l'une des premières choses qu'avait faites Romain en se réveillant avait été de demander à ses parents de sortir puis de se mettre à genoux pour demander Nastassja en mariage, ce qu'il aurait été bien incapable de faire le pauvre, attaché comme il l'était sur son lit de réa, mais elle ne détrompait pas Gilles, ne voulant pas lui dire que si Romain avait souhaité qu'ils sortent c'était pour demander à Nastassja de lui faire des trucs intimes, sexuels – elle ne lui en voulait pas évidemment, c'était au moment où il naviguait encore entre ses cauchemars et la réalité, et ça lui avait brisé le cœur de ne pas pouvoir faire ça pour lui.

Début septembre, juste avant la date prévue pour l'intervention chirurgicale qui devait refermer la boîte crânienne de Romain à l'aide de ciment synthétique, du fibro quelque chose, ils rentrèrent tous à Paris. Romain repartit pour l'hôpital à reculons, appréhendant beaucoup une nouvelle intervention, d'un coup redevenu vulnérable comme un enfant, mais faisant toujours le brave. Il insista, lorsqu'on vint les prévenir que l'opération aurait lieu plus tard que prévu, pour qu'Agnès et Judith s'en aillent sans attendre qu'on l'emmène au bloc – ce que bien sûr elles refusèrent. Pour fixer le morceau de crâne artificiel, il semblait à Romain qu'on avait parlé de colle, et pas de vis, mais il se réveilla quand même avec une grosse vis dans la tête, ce dont il ne tint pas rigueur à la chirurgienne puisque c'était la même qui en mai l'avait opéré, et que sa confiance en elle n'avait d'égale que sa reconnaissance – il lui avait apporté une bouteille de champagne en témoignage de sa gratitude pour lui avoir sauvé la vie. Pendant ce nouveau séjour à l'hôpital, Romain rencontra l'anesthésiste, Noémie, qui fut manifestement ravie de le revoir et lui confia que son passage en réa avait été l'occasion d'une des pires engueulades en staff qu'elle ait connues de sa vie, lorsqu'on lui avait demandé d'enlever de son compte rendu préopératoire le fait que tout le contour de la tempe était brûlé – elle avait dû remplacer le mot par « noir » –, afin de coller à la version officielle qui était encore que Romain avait été blessé par une barre de fer ou une boule de pétanque, lui confirmant au passage qu'on leur avait bien présenté le blessé au début comme un black bloc, un casseur de flics, et l'omerta qui avait été ensuite imposée dans le service.

Les manifestations contre la loi Travail s'étaient poursuivies jusqu'à l'été et avaient repris, quoique plus mollement, en septembre. Romain regardait tous les directs des télévisions, espérant que ce qu'il avait vécu serve au moins à ce que les policiers fassent un peu plus gaffe, pour lui c'était trop tard mais il espérait que son sacrifice en quelque sorte, quoique bien involontaire, ne serait pas vain – il fallait bien donner un sens à tout ça. Car, se disait-il, si l'on acceptait que son cas fasse jurisprudence, si ça ne posait aucun problème aux pouvoirs publics d'envoyer quelqu'un entre la vie et la mort sans raison – tout près de Romain ce jour-là se trouvait une dame âgée, et non loin des gosses en trottinette – et tout en connaissant déjà plus ou moins les justifications qu'ils allaient donner – beaucoup de policiers avaient été agressés au cours de la journée, à d'autres endroits, à d'autres moments –, c'était quand même extrêmement inquiétant. Si bien que lorsque Laurent Théron, le 15 septembre, fut éborgné par une grenade de désencerclement jetée dans sa direction par un CRS alors qu'il manifestait pacifiquement, Romain se sentit à la fois accablé et furieux. Pour la première fois il décida de prendre la parole, et posta sur Facebook un texte de quinze lignes qui expliquait les faits dont il avait été victime, demandant combien il faudrait encore de blessés, combien d'yeux crevés avant qu'on reconnaisse que ces grenades étaient des armes létales.

Six semaines plus tard, en novembre, il était convoqué chez la juge d'instruction.

2

Dès réception de la convocation, l'avocat avait prévenu Romain de l'importance de l'enjeu : de cette première audition, selon qu'ils parviendraient ou non à mettre la juge de leur côté, dépendrait toute la suite de l'instruction. Aussi, un peu stressé, proposa-t-il à Romain de se livrer avec lui à une sorte de répétition, mais Romain s'y refusa tout net. L'idée même, dans ces circonstances, l'insupportait. Il n'avait pas envie de travailler cette audition comme un rôle au théâtre. Il demanda seulement à l'avocat de lui indiquer le champ lexical à éviter pour ne pas, le cas échéant, se faire piéger – ne pas prononcer le mot « attroupement », ne pas prononcer le mot « foule » –, pour le reste il se contenterait de dire la stricte vérité, tout heureux de pouvoir enfin officiellement donner sa version des faits – c'était la première fois depuis l'accident/agression/attentat qu'il allait être entendu, c'était déjà formidable.

Dès les premières minutes de l'entretien, il déchanta. À peine avait-il eu le temps de remarquer la beauté spectaculaire de la magistrate – réellement l'une des plus belles femmes qu'il ait jamais vues de sa vie –, que celle-ci commença à dérouler ses questions, sur un ton pincé qui fit immédiatement comprendre à Romain que le jeu était pipé – il n'était pas auditionné comme une victime, mais comme un coupable que la juge voulait confondre, comme un suspect qu'il fallait faire craquer après quarante-huit heures de garde à vue.

Après que Romain eut expliqué qu'il était resté moins d'une minute sur place – le temps de se demander ce qui se passait dans le jardinet devant lequel un groupe était rassemblé, de se reculer à la demande d'un type qui, comme lui, s'apprêtait à filmer, puis de s'effondrer, la juge, comme si elle ne l'avait pas entendu, le bombarda de questions concernant les policiers, auxquelles Romain ne pouvait répondre puisqu'il ne les avait même pas vus – les renforts dont faisait partie celui qui avait lancé la grenade étaient arrivés dans son dos. Tout au plus pouvait-il affirmer que si ces policiers avaient reçu des projectiles à ce moment-là, il s'en serait forcément rendu compte, puisqu'il se trouvait placé entre eux et la foule prétendument menaçante. Cette réponse sembla fortement déplaire à la magistrate, qui avait l'air de plus en plus agacée, et Romain jeta à l'avocat un regard inquiet. Avant l'audition, tous deux avaient convenu d'un code : si lorsque la juge posait une question l'avocat soupçonnait un piège visant à mettre Romain en difficulté, il agiterait ses doigts sous la table. Romain devait alors le regarder, et prendre un temps avant de répondre avec le maximum de prudence. Mais depuis le début de l'audition, la main de l'avocat ne cessait de virevolter sur sa cuisse, si bien que ce code n'était à Romain d'aucune utilité. Quand la juge lui demanda pourquoi, selon lui, les flics étaient retranchés dans ce jardin, il répondit qu'il n'en savait rien, qu'en tant que simple citoyen il ne commentait pas les opérations de police, ce qu'elle prit manifestement pour de l'insolence. Elle insista, disant que d'après les investigations, les policiers avaient eu le sentiment d'être en danger. Lorsque Romain répondit à nouveau qu'il ne pouvait parler que de faits, que les sentiments des policiers, leur for intérieur, lui étaient inconnus, le regard que lui lança la juge, ainsi que l'air déconfit de l'avocat, lui fit comprendre qu'il se l'était définitivement mise à dos, impression qui se confirma au moment où, l'audition terminée, la juge serra la main de l'avocat et garda les bras ostensiblement derrière son dos quand Romain lui tendit la sienne.

Lorsqu'ils sortirent dans le couloir, la jeune fille qui avait été blessée en même temps que Romain, Viviane, attendait d'être auditionnée à son tour en compagnie de son avocat. Elle alla vers Romain afin de prendre, gentiment, de ses nouvelles. À peine leurs conseils eurent-ils eux aussi échangé quelques mots que la juge sortit soudain de son bureau en glapissant : Mais qu'est-ce que vous faites, vous n'avez pas le droit de vous parler ! Ce à quoi l'avocat de Romain, éberlué, répliqua : Mais entre confrères de la partie civile, évidemment que si, qu'est-ce qui vous prend ? tandis que l'autre avocat, tout jeune émoulu du barreau, devenait écarlate. Semblant se rappeler soudain ce fait qu'elle avait manifestement oublié, la juge – Romain ne la trouvait plus si belle que ça, finalement – bredouilla quelque chose et, se drapant dans sa dignité, retourna s'enfermer dans son bureau. L'avocat, choqué, tenta de réconforter Romain : même si la juge l'avait pris en grippe, ce qui semblait être le cas, et instruisait à décharge pour le policier, la scène avait été filmée sous tous les angles, il y avait de nombreux témoignages, Romain aurait forcément gain de cause, l'avocat restait confiant. Il lui suffisait de bétonner le dossier.

3

Aussitôt après la deuxième opération, Romain avec son quart de crâne en plastique était retourné pendant un mois chez ses parents, le temps que la plaie cicatrise, accompagné de Nastassja. À nouveau, Agnès et elle avaient joué les gardes-malade, nettoyant la plaie et changeant les pansements chaque jour, jusqu'à ce que mi-octobre, enfin, Romain et Nastassja puissent se réinstaller chez lui, dans le petit studio du 15e arrondissement qu'il avait hérité de ses grands-parents maternels. D'abord soulagée de se retrouver seule avec lui, Nastassja dut vite abandonner l'illusion que tout allait redevenir comme avant, et admettre que le Romain qu'elle avait connu n'existait plus, qu'il avait changé.

Sans doute ne pouvait-elle pas lui en vouloir, elle savait que se réveiller du jour au lendemain à l'hôpital avec un morceau de crâne en moins sans comprendre ce qu'il avait fait de mal avait été un choc terrible, et que d'être l'objet de toute cette attention avait été compliqué, car Romain encore une fois était quelqu'un de très pudique, qui détestait parler de lui et encore plus qu'on le plaigne, elle comprenait très bien que tout ça l'ait profondément bouleversé. Mais l'une des façons qu'il avait trouvées de gérer ça et qu'elle avait de plus en plus de mal à supporter, c'était d'avoir tendance à dire, à penser, qu'il était un miraculé, ce qui dans un sens était vrai bien sûr, mais à l'écouter c'était limite s'il n'était pas Jésus, quoi, du fait d'être passé par là et d'avoir été sauvé – et elle qui n'avait pas subi ce choc ne pouvait pas juger ni même comprendre ce que ça pouvait induire psychologiquement, mais au bout d'un moment c'était quand même fatigant d'entendre cela sans arrêt. Au bout d'un moment elle avait envie de lui dire : oui c'est vrai, tu es un miraculé et tant mieux, on en remercie Dieu, le Ciel, l'Univers, tout Ce en quoi l'on croit, mais c'est peut-être aussi le moment de passer à autre chose. Rien à faire, Romain ne pensait plus qu'à ça, ensemble ils ne parlaient plus QUE de ça, et elle n'en pouvait plus de vivre avec quelqu'un qui se prenait, grosso modo, pour Dieu. Romain sans avoir la grosse tête n'avait jamais été un champion d'humilité, il avait toujours eu une certaine opinion de lui-même et sans doute aussi « l'incident » était-il arrivé à un moment où il ne savait pas trop ce qu'il allait faire de sa vie, où il était un peu paumé pour tout dire, alors il s'était emparé de ça pour se découvrir une vocation, pour se donner une stature un peu héroïque. D'autant que d'un autre côté il avait beaucoup perdu confiance en lui, car il avait tout de même des séquelles physiques, sa blessure au crâne avait laissé de grosses cicatrices qui lui touchaient le visage, il portait les cheveux longs pour que ça ne se voie pas trop, il avait perdu l'odorat complètement, lui qui était plutôt sportif n'avait pas pu se dépenser pendant des mois et avec toutes ces opérations avait pris du poids et il le vivait mal, il pouvait retravailler mais il fallait qu'il fasse attention, toujours attention, il devait s'habituer au fait d'être sous traitement antiépileptique à vie, si bien que penser qu'il avait désormais une mission, un destin christique pour ainsi dire, était une façon de justifier à ses propres yeux ce qui lui était arrivé, de se réconforter, tandis que Nastassja, elle, à l'inverse, avait juste envie d'oublier, d'ailleurs elle y arrivait un peu, elle ne se rappelait pas tous les détails et c'était entre eux un sujet de dispute, il lui reprochait de ne pas se souvenir, de ne pas s'intéresser, si bien que de dispute en dispute, ils finirent par se séparer.

Ça n'avait pas été une décision facile à prendre, mais elle avait besoin de faire un break – c'est ainsi qu'elle se présenta les choses à elle-même, pour se donner du courage. Au mois de février suivant, elle alla à Moscou voir son père, en principe pour deux semaines, et une fois là-bas changea son billet de retour une première fois, puis une deuxième fois, car une des comédiennes qu'elle avait rencontrées en Islande l'avait présentée à son agent et au théâtre ils cherchaient justement une actrice franco-russe, et elle avait été prise, puis avait ensuite fait un doublage, tout s'était enchaîné, si bien que pour finir Nastassja resta en Russie, réalisant le rêve qu'elle avait toujours eu de vivre et de travailler là-bas.

4

Lorsque Nastassja annonça à Romain qu'elle avait trouvé du travail à Moscou, il se réjouit sincèrement pour elle, sachant qu'elle en rêvait depuis toujours, certain qu'ils surmonteraient facilement une séparation de quelques mois. Il se rendait bien compte de l'épreuve que toute cette histoire avait été pour elle, ainsi que pour ses sœurs, pour ses parents, c'était même l'une des raisons principales de son combat, qu'on reconnaisse, en plus du tort qui lui avait été causé à lui, celui qui leur avait été causé à eux, à ceux qui l'aimaient. Lui, durant le temps qu'il avait passé dans le coma, il n'avait pas souffert ni connu l'angoisse, autant dire qu'il avait dormi pendant tout le film et s'était réveillé seulement au moment du happy end, mais trembler ainsi pour la vie de son enfant, de son amour, il ne pouvait rien imaginer de plus atroce et à la place de Nastassja il serait devenu fou. Puis quand il reçut le long mail dans lequel elle lui annonçait que c'était fini entre eux, qu'elle ne pouvait lui demander de l'attendre et qu'elle préférait tourner la page, il lut entre les lignes son déchirement, sa tristesse, et éprouva une sorte de satisfaction esthétique à avoir ainsi, après son crâne, le cœur brisé, se disant qu'après tout leur liaison à Nastassja et lui avait toujours été passionnelle, une histoire d'amour avec une femme qui portait le prénom d'une héroïne de roman russe ne pouvait pas être un long fleuve tranquille, ça lui allait à Romain de souffrir par amour, ça lui allait en tout cas beaucoup mieux que par la bêtise d'un policier, et puis il gardait l'espoir qu'elle lui reviendrait, que leur histoire n'était pas finie.

Pour oublier, il se jeta dans le boulot, qu'il avait repris dès le mois de novembre. Durant les années qui suivirent, il travailla cent heures par semaine, essayant avec son associé de faire des événements un peu jolis, artistiques, genre festival de Cannes, des rallyes, pour développer l'image de la marque. Mais encore moins qu'avant Romain n'y trouvait d'intérêt, hormis le fait qu'il lui fallait bien travailler pour gagner sa croûte. Nastassja partie, la seule chose qui le tenait encore debout, qui donnait un sens à sa vie était ce combat qu'il menait, avec l'espoir de faire triompher sa cause, de faire avancer les choses, afin que tout ça n'ait pas été inutile.

Assez vite, l'avocat avait eu accès au rapport de l'IGPN, et Romain avait eu la surprise d'apprendre que les policiers chargés de l'expertiser n'avaient décelé aucune composition pyrotechnique sur son blouson, mais y avaient détecté en revanche des traces de cocaïne, ce qui l'étonna fort, puisqu'à part un pétard de temps à autre, il ne s'était jamais drogué de sa vie. Mais après tout, il travaillait dans l'événementiel et même si c'était improbable, il n'était pas complètement impossible qu'il ait posé le bras sur un comptoir où traînaient des traces de poudre blanche, cependant le simple fait que les enquêteurs jugent utile de le consigner, alors même qu'on n'avait trouvé aucune trace de substances illicites dans son sang, montrait bien de quelle manière l'enquête avait été orientée. Contre toute évidence, les policiers continuaient d'ailleurs à nier que la grenade ait pu causer la blessure de Romain, s'accrochant à la doctrine de référence en vigueur selon laquelle le bouchon allumeur de la GMD, entouré d'un capuchon en caoutchouc, voyait son potentiel lésionnel très atténué sur de courtes distances, et n'avait pas été expulsé à une vitesse suffisante pour provoquer de telles lésions. Et donc, ils penchent plutôt pour quoi? persiflait Romain. Violences dans le camion, complot d'extraterrestres, ou happening de comédien très bien exécuté? Certes, le fait que durant sa formation, le policier qui avait lancé la grenade n'ait pas été informé que cette arme pouvait faire de tels dégâts le dédouanait un peu – sachant tout de même que dans les textes, elle était présentée comme une arme intermédiaire, entre la lacrymo et l'arme de poing, qui ne devait être utilisée, comme son nom l'indique, que dans des situations d'encerclement. Auprès de l'IGPN, le policier en question, un brigadier-chef, se justifiait d'ailleurs en expliquant qu'il n'avait lancé cette grenade que parce qu'il n'avait plus de lacrymos sur lui, argument qui laissait Romain rêveur (et s'il n'avait plus eu de grenades de désencerclement, qu'aurait-il fait? demandait-il. Il aurait sorti son arme de service et tiré dans la foule?), et continuait à affirmer que lui et sa compagnie étaient visés par des jets de projectiles venant de la foule. À l'appui de ses dires, les enquêteurs avaient recueilli divers témoignages dont certains étaient d'autant plus surprenants qu'ils contredisaient absolument ce que leurs auteurs avaient dit à Gilles ou à la presse quelques mois plus tôt, telle une jeune femme qui avait clamé son indignation sur les réseaux sociaux, et qui soudain abondait dans le sens du policier. Le plus frustrant dans tout ça était que ce rapport étant couvert par le secret de l'instruction, Romain ne pouvait en rien le contester, ni même en faire fuiter des extraits afin de confronter les témoins à ce qu'on leur faisait dire – il avait gardé le contact avec certains d'entre eux –, puisque lui-même n'avait été autorisé à le consulter qu'en présence de son avocat, avec interdiction formelle d'en faire des copies ou de prendre des notes. Sans surprise, le rapport concluait que le brigadier-chef n'avait commis aucune faute, et qu'il ne devait en conséquence faire l'objet d'aucune sanction administrative.

Côté pénal, l'instruction traînait en longueur. La juge, depuis l'été 2016, n'avait ordonné aucune expertise, avait auditionné la victime (Romain) cinq mois après les faits mais toujours pas le principal suspect (le brigadier-chef de la compagnie d'intervention), et laissait sans réponse les mails de l'avocat qui ne cessait de réclamer qu'on lui communique le dossier. Lorsque celui-ci se rendait au palais de justice, espérant réussir à la rencontrer, la juge ne s'y trouvait jamais, et l'avocat commençait à s'énerver un peu. Enfin, après de multiples relances et plusieurs reports, en mai 2017, la magistrate ordonna une expertise médico-balistique, dont les résultats furent connus en octobre de la même année, un an et demi donc après les faits. Éliminant l'une après l'autre toutes les explications loufoques que l'on avait tenté de donner à la blessure de Romain, l'étude concluait que même dans le cas d'une utilisation normale, rigoureuse et préconisée, une grenade de désencerclement du type de celle qui avait été lancée sur Romain pouvait tout à fait engendrer les lésions observées chez lui. Cette expertise mettait ainsi fin à la théorie jusqu'alors admise selon laquelle, utilisées correctement, ces armes n'étaient susceptibles d'occasionner que des blessures sans gravité, et établissait sans équivoque qu'elles pouvaient, dans certaines circonstances, se révéler létales – ce qui, certes, n'était pas un scoop, mais néanmoins, se réjouit Romain, une première victoire.

Compte tenu de ce fait maintenant établi et du manque d'empressement apparent de la juge, il mettait à présent tous ses espoirs dans le Défenseur des droits, autorité indépendante, qui, lentement aussi mais sûrement – du moins Romain l'espérait-il –, continuait son enquête. Au début de l'année 2018, Romain fut invité à une audition par ses services et dès la lecture du courrier fut frappé du contraste avec la convocation reçue de la juge d'instruction un peu plus d'un an plus tôt – la lettre, pleine d'empathie, mettait les formes et lui proposait même un entretien téléphonique si son état de santé ne lui permettait pas de se rendre dans leurs locaux. Sur place, l'audition se déroula de manière très courtoise, dans une ambiance calme et sereine. Les enquêteurs le regardaient dans les yeux, semblaient sincèrement être dans une optique de recherche de la vérité, et pour la première fois, Romain eut l'impression agréable d'être écouté et non traité en suspect.

Quelque temps plus tard, il décida d'arrêter son traitement antiépileptique, non par caprice, il n'était pas idiot, mais avec l'espoir un peu fou que, peut-être, il était complètement guéri – il n'en était plus à un miracle près. Il s'était renseigné et, ayant appris que le risque épileptique dû à un traumatisme crânien était sensiblement différent de l'épilepsie en tant que maladie chronique, il avait voulu faire un test, voir si les médicaments étaient vraiment encore nécessaires, s'il pouvait vaincre le trauma tout seul en quelque sorte. D'abord il supprima un comprimé sur deux, puis il arrêta complètement. Un mois et demi plus tard il fut pris de convulsions, alors qu'il se trouvait avec un collègue en voiture – par chance ce n'était pas lui qui conduisait –, et tout avait recommencé, comme dans un mauvais rêve, le réveil dans un camion de pompiers, les urgences du même hôpital, comme par hasard, où il avait passé toute une nuit. Cette fois c'était bon, il avait compris. Il s'était résigné au fait d'être épileptique et de devoir prendre son traitement à vie, se disant qu'après tout, ça aussi, c'était assez dostoïevskien. Le préjudice physique le dérangeait davantage, pas tant la cicatrice de vingt-cinq centimètres qui lui barrait le crâne et lui interdisait de porter les cheveux très courts – ça encore, à la limite ça faisait un peu guerrier –, ce qui le gênait beaucoup plus c'était l'asymétrie de son crâne, qui lui faisait une drôle de tête, ça c'était le pire, et le fait qu'au toucher on sentait bien que ce n'était pas normal. Et aussi toutes les choses qu'il aurait aimé faire et qui lui étaient à jamais interdites, la plongée, l'alpinisme ou le parachutisme, entre autres. Et la perte de l'odorat bien sûr, et du goût, car même si ce dernier lui était en partie revenu, c'était loin d'être encore ça.

Pour le reste, ayant toujours eu un côté un peu mystique, il avait toujours pensé être promis à un destin exceptionnel, comme un sentiment latent, tout en sachant bien que ça n'avait pas de sens et que ça énervait beaucoup Nastassja, il s'était toujours étonné, sans pour autant le regretter, d'être né à une époque où il n'y avait pas de guerre car il se serait bien vu mourir de mort violente avant l'âge de trente ans, si bien que pour lui c'était finalement assez cohérent de vivre ça, c'était comme si quelque chose s'était recalé entre la vie qu'il s'était toujours imaginé vivre et celle, plutôt banale, qu'il avait menée jusque-là. Sans compter qu'abstraction faite de l'enfer qu'avaient vécu ses proches, et qu'il ne parvenait pas à pardonner, pour ce qui le concernait personnellement il trouvait cette expérience finalement assez riche : entre le moment de la perte de connaissance dans le camion et le réveil en réanimation, il avait l'impression d'avoir voyagé bien au-delà du chemin prévu pour vous ici-bas. Et l'ouverture sur ce que cette histoire racontait, sur ce qu'elle disait du monde, tout ça l'intéressait au plus haut point, il y consacrait un temps fou et y prenait plaisir, appréciant particulièrement les moments qu'il passait avec son avocat, même si celui-ci gardait ses distances, veillant à ce que leurs rapports restent professionnels malgré le fait qu'il ne se faisait pas payer – au début les parents de Romain lui avaient versé une somme, quelques milliers d'euros, depuis il ne voulait plus entendre parler d'argent –, d'ailleurs ils se vouvoyaient toujours, et Romain se disait parfois qu'ils auraient pu dîner ensemble et devenir amis mais l'avocat lui faisait comprendre sans équivoque qu'il ne le souhaitait pas, c'était une relation très particulière, unique et d'autant plus précieuse.

En juin 2018, le ministère de l'Intérieur annonça que les grenades explosives GLI-F4 seraient progressivement remplacées par des grenades GM2L, réputées moins dangereuses puisque ne contenant pas de charge explosive, tandis que les grenades de désencerclement, moins puissantes mais explosives quand même et dont la létalité était à présent établie, restaient autorisées, la France demeurant ainsi le seul pays d'Europe à employer des munitions explosives pour des opérations de maintien de l'ordre. Concernant les grenades GLI-F4, le ministère ajoutait qu'elles resteraient toutefois utilisées « jusqu'à épuisement des stocks », ce que Romain, qui suivait tout ça de très près, trouva surréaliste et d'un incroyable cynisme – c'était à se demander s'il fallait organiser une grande braderie ou espérer qu'un événement se produise qui justifierait leur utilisation massive, souhait qui fut bientôt exaucé, puisqu'en octobre commença le mouvement des Gilets jaunes.

5

Arrivée à Moscou, Nastassja retrouva avec émotion l'appartement du quartier d'Arbat, un trois-pièces décoré à l'ancienne, un peu vide, qui la replongea dans de doux et lointains souvenirs. En 1998-99, elle y avait passé une année scolaire entière seule avec sa grand-mère, l'année de ses dix ans, pour une raison qu'elle n'avait pas bien comprise à l'époque mais qui lui apparaissait à présent clairement : sa babouchka, qui après plusieurs années à Paris ne parlait toujours que quelques mots de français, ne pouvait concevoir que sa petite-fille grandisse en étrangère à sa patrie. Elle avait à cœur que celle-ci connaisse ses racines. Comme elle avait raison, pensait Nastassja, et combien elle l'en remerciait aujourd'hui... Malgré le chagrin qu'elle avait eu à l'époque d'être séparée de sa mère, elle se souvenait de cette année-là comme d'une des plus belles de sa vie, une période très calme, très sereine. Le matin elle allait à l'école à l'ambassade, entourée d'enfants d'expatriés, des Maliens, des Chinois, quelques enfants russes qui parlaient très bien le français. Elle rentrait à pied en prenant son temps, flânant dans les ruelles piétonnes et animées, s'arrêtant parfois pour écouter un musicien, ou regarder les babioles proposées par les artisans sur leurs étals. Dans ces années qui avaient suivi la chute de l'Union soviétique et où tout était à réinventer, un vent de liberté soufflait sur le pays et elle s'en rendait compte malgré son jeune âge, elle percevait autour d'elle les vibrations, l'enthousiasme. Par la suite, elle n'était revenue que l'été, pour les vacances, alors que la plupart des Russes fuyaient Moscou et que la place Rouge était envahie de touristes, et elle n'avait pu pleinement se rendre compte à quel point l'atmosphère de cette seconde patrie, si chère à son cœur depuis ses dix ans, avait changé.

À l'origine, lorsqu'elle avait pris son billet pour Moscou, elle pensait réellement n'y rester que deux semaines, ainsi qu'elle l'avait dit à Romain – comme lui, Nastassja ne mentait jamais. Jamais elle n'aurait pu imaginer que deux jours à peine après leur premier rendez-vous, son tout nouvel agent lui aurait déjà trouvé du travail, à elle qui durant toutes ces années n'avait jamais réussi à décrocher un rendez-vous professionnel en France autrement que pour des figurations. C'était un petit rôle et elle ne jouait pas tous les soirs mais elle jouait, c'était un tel bonheur qu'il lui était apparu comme une évidence que sa vie, son avenir étaient ici, et Nastassja se disait qu'elle l'avait toujours pressenti, elle n'avait jamais été complètement chez elle en France, et bien sûr que ça lui crevait le cœur de laisser Romain là-bas, de l'abandonner, mais elle se persuadait qu'elle n'avait pas le choix, que tel était son destin.

Dans la foulée elle avait commencé à se faire des amis, des gens l'avaient sortie, amenée à des soirées, des pièces de théâtre. Son père, elle ne le voyait pas souvent, car il habitait à une heure de voiture de Moscou dans une banlieue un peu chic et sa femme ne portait pas Nastassja dans son cœur, mais parfois ils venaient fêter l'anniversaire d'un de leurs enfants en ville, et l'invitaient à dîner avec eux. De temps en temps aussi elle voyait un cousin, de dix ans plus âgé qu'elle et qu'elle aimait beaucoup. Ça avait duré comme ça six mois, puis un an, puis deux, à passer des castings, à jouer au théâtre, toujours un peu complexée et stressée de n'avoir fait que le cours Florent alors que les acteurs russes qui jouaient avec elle avaient fait l'équivalent du Conservatoire national, quatre ans d'études, et ne se privaient pas de le lui faire sentir. Peu à peu, elle avait commencé à se rendre compte que s'il n'y avait pas de compétition farouche comme en France, il y avait néanmoins beaucoup de jalousie, de médisances, de passe-droits. En 2014, la Russie avait annexé la Crimée, puis Boris Nemtsov avait été assassiné, l'ambiance s'était peu à peu durcie, les manifestations avaient été interdites, la répression politique avait commencé. En tant que Française, elle était devenue suspecte, et plusieurs personnes lui conseillèrent de faire attention à ce qu'elle disait, de se méfier de son entourage.

Un jour, au mois de mai, tandis qu'une foule joyeuse célébrait l'armistice dans les rues de Moscou sous un soleil radieux, elle était sortie du théâtre et avait éprouvé un sentiment de solitude extrême, inexplicable, mêlé à quelque chose d'autre, qui ressemblait à de l'ennui. C'était absurde. Comment pouvait-elle s'ennuyer, alors qu'elle réalisait enfin le rêve qu'elle poursuivait depuis si longtemps? Elle avait fini par admettre que la France lui manquait. Que sa grand-mère lui manquait. Que Romain lui manquait. Durant tous ces mois, elle n'avait rencontré aucun homme qui lui fît le quart de l'effet qu'il avait sur elle, et elle pensait de plus en plus souvent à lui, commençant à se demander si elle n'avait pas fait une énorme connerie en rompant ainsi avec le seul homme qui faisait battre son cœur. Plus le temps passait, plus les souvenirs des derniers mois s'effaçaient, et ne restaient plus que ceux de leurs débuts, la douceur de leur premier baiser, alors qu'il l'hébergeait et qu'il était venu l'embrasser dans son lit avant qu'ils ne partent pour leur cours de théâtre. Combien son interprétation de *Hamlet* l'avait touchée. Son humour aussi. Son rire. Elle avait chassé de son mieux la pensée qui lui venait, avait décidé de rester, de persévérer dans la voie qu'elle avait choisie, mais une douleur persistante à son doigt en avait décidé autrement. Et quelques jours plus tard, quand on lui avait diagnostiqué une petite tumeur, elle avait compris que c'était un signe, et pris aussitôt rendez-vous avec un spécialiste à Paris.

Le jour où elle atterrit à Charles-de-Gaulle, l'avion resta bloqué plusieurs heures sur la piste : l'aéroport était occupé par les Gilets jaunes.

6

2019 fut l'année des Gilets jaunes, des yeux crevés, des mains arrachées. À chaque œil crevé, à chaque main arrachée, Sandro s'indignait, non seulement que le cas de Romain n'ait servi à rien, puisque malgré les tests et les expertises, les grenades de désencerclement continuaient à être utilisées, mais qu'on en ait si peu parlé à l'époque et qu'on n'en parle plus du tout, que l'affaire ait été ainsi enterrée, alors que ce qui lui était arrivé était potentiellement encore plus grave que toutes les blessures qui faisaient à présent les gros titres, une embarrure avec un hématome extradural il n'y a pas plus grave que ça, répétait Sandro, plus grave que ce qu'avait eu Romain, il n'y avait que la mort. Sandro fulminait contre l'instruction qui n'avançait pas, contre l'avocat qui ne faisait rien – le policier qui avait lancé la grenade sur Romain n'avait toujours pas été mis en examen, tandis que celui qui avait éborgné Laurent Théron l'avait été dès janvier 2017, trois mois après les faits, et avait été renvoyé aux assises, et que de nombreuses autres plaintes déposées par des Gilets jaunes avaient été instruites en six mois.

— Je sais bien, soupirait Clotilde, mais qu'est-ce que tu veux qu'on y fasse.

En avril 2017, elle avait accompagné Romain à une expertise chez le médecin désigné par la justice – un rhumatologue – et une fois de plus, avait été choquée par le caractère approximatif du rapport rédigé par celui-ci, qui minimisait les souffrances endurées ainsi que les séquelles, et mentionnait seulement une ITT de quatre-vingt-dix jours, alors qu'au bout de quatre-vingt-dix jours Romain avait encore son volet crânien. Tout le monde traitait ce qui était arrivé à Romain avec une telle légèreté, elle en était écœurée. Mais après tout, se dit-elle, ce n'était plus de son ressort. Elle avait fait ce qu'elle avait pu, poussée par Sandro qui depuis le début n'arrêtait pas de dire qu'il aurait fallu faire ci ou faire ça, ne pas laisser passer ci ou ça, et sans doute avait-il raison, sauf que Romain s'en remettait complètement à l'avocat, et que du côté de ses parents Clotilde se heurtait à une sorte d'inertie, elle sentait bien chez eux une colère, une envie de se battre – en 2017, Gilles avait écrit à tous les candidats aux primaires de l'élection présidentielle –, mais ils ne voulaient pas aller contre la volonté de Romain, et puis ils étaient si ravagés par tout ça qu'au bout d'un moment Clotilde avait décidé de leur foutre la paix et avait repris sa vie, ne pouvant s'empêcher de penser que si une chose pareille arrivait à l'un de ses enfants, elle arrêterait de travailler pour consacrer tout son temps à obtenir justice, mais laissant à ses parents le soin de décider ce qu'ils devaient faire ou pas, après tout elle avait son boulot qui était très prenant, deux enfants petits, tout en restant profondément révoltée de voir avec quelle lenteur la justice suivait son cours, et avec quelle rapidité le soufflé médiatique était retombé compte tenu de la gravité de l'affaire.

Le 8 mars 2019, près de trois ans après les faits, le brigadier-chef qui avait jeté la grenade fut enfin entendu par la juge et placé sous le statut de témoin assisté, la magistrate ayant estimé qu'il n'y avait pas suffisamment de charges contre lui pour le mettre en examen. En vain l'avocat demanda-t-il une confrontation entre lui et Romain. Celle-ci lui fut initialement accordée, puis au mois de juin – après que Romain s'était fendu d'un mail ironique à son avocat, proposant d'organiser une petite fête pour l'anniversaire des trois ans – fut reportée à l'automne pour cause de congés, puis reportée à nouveau, pour être finalement annulée. Et fin décembre 2019, l'avocat apprit que l'instruction avait pris fin et que le dossier était clos.

Entre-temps, le 17 juillet 2019, après trois ans d'enquête, le Défenseur des droits avait rendu ses conclusions.

Il citait tout d'abord le rapport rédigé par le brigadier-chef qui avait lancé la grenade le jour des faits pour justifier son geste, dans lequel celui-ci affirmait n'avoir pas eu d'autre choix, ses effectifs étant empêchés par la foule d'accéder à la grille de la résidence et essuyant des tirs fournis de projectiles.

Notait ensuite que lors de son audition par les agents du Défenseur des droits, confronté aux enregistrements vidéo, le brigadier-chef avait admis qu'il n'était pas empêché d'accéder à la cour, et que les personnes présentes ne s'étaient pas rapprochées de lui et ne l'avaient pas coincé. Il avait affirmé cependant qu'il avait été « *persuadé que les choses s'étaient passées ainsi* ».

Concernant les jets de projectiles qu'auraient subis les policiers retranchés dans la cour, les enregistrements vidéo consultés par les agents du Défenseur des droits ne permettaient d'en constater qu'un seul – le projectile en question semblant être une bouteille en plastique vide –, et aucun en direction des renforts conduits par le brigadier-chef.

Le Défenseur des droits concluait que, contrairement à ce qu'avait d'abord affirmé le policier, dans les instants qui avaient précédé l'usage de la grenade les fonctionnaires n'avaient pas reçu de projectiles, qu'ils n'avaient fait l'objet ni d'agressions ni de tentatives d'agression, et qu'ils pouvaient sans difficulté accéder à la cour de l'immeuble dans laquelle se trouvaient leurs collègues.

Dès lors, le Défenseur des droits considérait que l'exigence de nécessité absolue n'était pas remplie et que le brigadier-chef ne pouvait faire usage d'une arme.

Il pointait par ailleurs que le fait que le brigadier-chef ait retiré la goupille de la grenade avant même de pouvoir observer la situation, alors que la documentation de formation précisait que ce retrait ne devait jamais être anticipé, ne lui avait pas permis d'évaluer les conditions requises pour l'usage de la force. Et que par là même, le brigadier-chef avait fait preuve d'un manque de discernement et n'avait pas respecté le cadre d'emploi de l'arme.

Enfin, concernant la prise en charge de Romain, il notait que l'explosion de la grenade et la blessure de Romain avaient *alors* généré une vive réaction des personnes présentes dont plusieurs avaient proféré des insultes et jeté des projectiles. Que l'usage des armes avait ainsi créé une situation très tendue. Que dès lors, les conditions dans lesquelles il avait été fait usage de la grenade de désencerclement puis des grenades lacrymogènes n'avaient pas permis la prise en charge de la personne blessée par les fonctionnaires de police. Le Défenseur des droits considérait donc que les fonctionnaires présents et notamment le brigadier-chef n'avaient pas respecté leurs obligations de protection et d'assistance aux personnes et avaient généré une situation de tension peu propice à l'intervention des secours.

Le Défenseur des droits terminait en recommandant au ministère de l'Intérieur d'engager une réflexion approfondie sur la pertinence de la dotation, pour les opérations de maintien de l'ordre, de cette arme susceptible de porter de graves atteintes à l'intégrité physique des personnes touchées.

D'un coup, Romain vit son horizon s'éclairer. Le tribunal, pensait-il, ne pourrait ignorer l'avis du Défenseur des droits, et puisque la confrontation lui avait été refusée, il attendait avec impatience le procès, ce moment où il pourrait enfin regarder dans les yeux celui qui l'avait ainsi amoché, se demandant s'il continuerait à mentir, ou finirait enfin par reconnaître sa faute, éprouverait peut-être un regret, un vague remords. Nastassja était rentrée de Moscou, et sa tumeur au doigt, heureusement, était guérie. Après s'être beaucoup écrit, ils avaient fini par se revoir, et même si pour l'instant leur relation restait platonique, cela suffisait à Romain. L'agent russe de Nastassja continuait de la proposer pour des castings là-bas et à deux reprises elle retourna en Russie tourner des petits rôles dans des séries télévisées, pensant avoir trouvé un parfait équilibre en se partageant ainsi entre les deux pays. Lorsque la pandémie éclata et que le premier confinement fut décrété, Romain lui proposa de partir pour le cap Ferret avec lui, et comme elle refusait, ne voulant pas quitter Paris et s'éloigner de sa grand-mère, il se confina d'autorité avec elle dans son petit studio de quinze mètres carrés. Au bout d'une semaine, leur histoire avait recommencé et ils avaient vécu une deuxième lune de miel. Romain avait compris la leçon, et prenait désormais grand soin de parler le moins possible de son affaire. De toute manière, il n'y avait pas grand-chose à en dire : le Défenseur des droits avait établi les faits, et dès que le procès aurait eu lieu, dès que le tort qu'il avait subi aurait enfin été reconnu, il semblait à Romain qu'il pourrait, comme Nastassja le souhaitait, oublier, tourner enfin la page.

Un an plus tard, le 30 septembre 2020, au début du deuxième confinement, le nouveau juge d'instruction en charge de l'affaire de Romain, suivant les réquisitions du procureur, se prononçait en faveur d'un non-lieu.

7

30 septembre 2020

C'était lunaire.

L'avocat relut l'ordonnance plusieurs fois, n'en croyant pas ses yeux.

Certes, la lenteur de l'instruction l'avait un peu alerté. Il avait bien vu que la juge traînait les pieds. Mais un non-lieu, franchement, dans un dossier où il y avait tant d'éléments à charge, tellement de vidéos, huit ou dix, prises sous tous les angles, du dessus, de côté, et contre l'avis du Défenseur des droits de surcroît, alors que celui-ci avait rendu un an plus tôt un rapport si précis, si imparable, il ne pensait pas ça possible. Il s'attendait à ce que l'affaire soit renvoyée, au moins, devant le tribunal correctionnel, sinon aux assises – et alors, le policier aurait pu, éventuellement, être relaxé, auquel cas il aurait assumé l'entière responsabilité de cet échec.

Mais que l'affaire soit ainsi enterrée, qu'il n'y ait pas de procès, que la parole de Romain ne soit jamais entendue, c'était tout simplement ahurissant.

Lunaire.

En substance, l'ordonnance insistait sur la journée éprouvante qu'avait passée le brigadier-chef, les nombreuses exactions subies par les policiers à d'autres moments, dans d'autres endroits – et que nul, songea l'avocat, ne contestait –, et faisait une large part aux déclarations des policiers, tout en demeurant curieusement succinte s'agissant des éléments objectifs du dossier, notamment les vidéos, et du rapport du Défenseur des droits. Après avoir cité un certain nombre de témoignages qu'il admettait être contradictoires entre eux – et qui étaient contredits par les faits –, le magistrat instructeur se reférait aux articles L-211-9 et R-211-13 du Code de la sécurité intérieure pour sauter à la conclusion lapidaire et péremptoire que « *dès lors, l'usage d'une grenade de désencerclement était adapté à la situation et nécessaire au maintien de l'ordre public* », semblant oublier que les conditions légitimant selon ces articles l'usage de la force étaient au nombre de deux, à savoir la nécessité absolue et la stricte proportionnalité. Si la première de ces conditions, la nécessité, était au moins discutée – sans être pour autant caractérisée, loin de là, et alors que le Défenseur des droits avait démontré, lui, que cette condition n'était pas remplie –, la seconde, la proportionnalité, était purement et simplement absente du raisonnement du magistrat instructeur, qui ne la mentionnait même pas.

Ce n'était pas sérieux.

Et tout était à l'avenant, l'ordonnance ne reculant pas devant les contradictions.

Comment pouvait-on écrire, dans le paragraphe consacré à l'analyse des vidéos, que le policier avait « *lancé la grenade au ras du sol à son arrivée devant l'entrée de la cour intérieure après sommation* », alors qu'aucune des vidéos ne permettait de constater une telle prétendue sommation, et que l'ordonnance elle-même, sur la même page, quelques paragraphes plus haut, retranscrivait ainsi les déclarations du policier : « *il décidait, compte tenu de la situation de danger qu'il percevait, de faire usage, sans sommation, d'une grenade à main de désencerclement* » ?

Quatre ans d'instruction pour ça, soupira l'avocat, en comparant la quinzaine de pages que comportait l'ordonnance à l'énorme dossier posé sur son bureau.

À peine avait-il prévenu Romain de la mauvaise nouvelle que celui-ci, au lieu de se montrer effondré, voire de lui faire des reproches, lui avait adressé un mail de consolation, disant combien il était surtout désolé pour l'avocat, l'assurant qu'il lui conservait toute sa confiance et le remerciant chaudement de tout le travail qu'il avait fourni durant toutes ces années. C'était bien dans son style. Comme toujours, pensa l'avocat, Romain relativisait sa propre déception, ainsi qu'il le faisait depuis des années de sa souffrance, et pensait d'abord aux autres.

Dès qu'il l'avait rencontré, l'avocat avait été impressionné par la personnalité de Romain. Non seulement par son rétablissement si rapide, compte tenu de ce qu'il venait de traverser, mais encore plus par le fait qu'il n'en veuille pas à la terre entière, pas même au policier, ce qui aurait été tout à fait légitime. Dès le départ, Romain s'était montré avant tout soucieux de réconforter sa famille, très posé, curieux, un peu dans les vapes mais c'était sa nature – une attitude assez incroyable, qui avait immédiatement gagné sa sympathie. Le contraire de son père, Gilles, dont l'avocat devait en permanence contenir la fureur et les exagérations – cette histoire de camion, penser que les pompiers aient pu appeler des flics pour tabasser Romain, pardon mais c'était complètement débile, n'en déplaise au beau-frère, le médecin, qui lui aussi passait son temps à le chauffer, à caresser ses tendances complotistes.

L'avocat savait bien que certains membres de la famille, et Sandro le premier, l'accusaient d'incompétence, lui reprochaient de ne pas avoir suffisamment exploité les médias. Et peut-être, se disait-il à présent, avait-il effectivement eu tort. Mais il n'avait fait en cela que respecter la volonté de Romain, si celui-ci avait été politisé comme Théron, syndicaliste, sans doute aurait-il adopté une stratégie différente. Globalement, il était certain d'avoir bien fait son travail. Il pensait sincèrement ne rien avoir à se reprocher. Il avait bossé comme un fou, ne comptant pas ses heures, et s'il avait péché, ce n'était que par excès de confiance dans l'institution judiciaire.

Mais il ne s'avouait pas vaincu. Il allait faire appel, et au vu des inexactitudes manifestes de l'ordonnance, il avait bon espoir d'avoir gain de cause.

8

8 février 2022

— Vous êtes prête, Madame Mirovska ?
— Je suis prête, mon chéri.
Françoise, en robe de chambre à fleurs et un turban sur la tête, finit de s'installer, puis commença à étaler devant elle les cartes de tarot.

Depuis l'enfance de Romain, c'était leur jeu favori. Romain tirait une carte, et Françoise commençait à lui parler. C'était sa manière à elle d'engager la conversation, de naviguer dans ce monde si cartésien de façon un peu différente. Mais depuis plusieurs années, depuis ce-qui-était-arrivé-à-Romain, Françoise avait perdu le goût de jouer à Madame Mirovska. À quoi bon, pensait-elle, faire le gourou positif quand autour d'eux ce n'était que trahison, que fourberies, comme aurait dit Molière. Penser qu'une telle abomination ait pu avoir lieu sous un gouvernement de gauche, les coupables auraient mérité qu'on leur jette des seaux d'ordures, comme au Moyen Âge, qu'on les attende dans une ruelle, pour leur cracher dessus. Elle qui avait cru que les socialistes allaient changer le monde, avait vu ses illusions de jeunesse partir en fumée, tous ses espoirs d'une société plus juste – d'ailleurs aux dernières élections elle avait hésité puis elle avait pris un bulletin sur lequel il y avait marqué : « *Pour les animaux* ».

Et puis il y avait eu le Covid, qu'elle avait attrapé et qui l'avait laissée très affaiblie. Elle avait dû quitter son appartement de Saint-Ouen pour se rapprocher de Gilles et Agnès, prendre un petit studio juste à côté de chez eux, à Sèvres. Quand Romain lui demandait de lui tirer les cartes, elle lui répondait que Madame Mirovska avait déménagé, elle aussi, qu'elle était partie ailleurs.

Mais devant son insistance, aujourd'hui, elle avait cédé.

— Qu'est-ce que tu veux savoir ?

— Si la chambre de l'instruction va confirmer ou infirmer le non-lieu en appel.

Françoise soupira. Elle n'aimait pas les questions fermées.

— C'est difficile, ce que tu me demandes, là.

— Je sais, Tati – pardon, Madame Mirovska. Mais vous n'êtes pas extralucide pour rien, vous devez savoir.

Françoise réfléchissait.

— Non-lieu, qu'est-ce que ça veut dire, d'abord, non-lieu ? Que la chose n'a pas eu lieu ? Que tu n'as pas été dans le coma ? Que tu n'as pas failli mourir ?

— Bien sûr que non, Tati, répondit Romain. Ça veut

dire qu'il n'y a pas lieu d'avoir un procès. Que je n'ai pas lieu de me plaindre.

— Quoi? Mais ça ce n'est pas possible, enfin! C'est absurde!

— Tu crois? Que disent les cartes?

Elle regarda les cartes, réfléchissant à ce qu'elle allait bien pouvoir dire qui lui redonne espoir. Heureusement, le tarot de Marseille ne disait que des choses positives. Même avec le Pendu, à l'endroit ou à l'envers, il y avait toujours moyen de s'arranger, pour peu que l'on tire à côté l'arcane de la Force, par exemple, ou celui du Jugement.

Elle décida de faire un tirage en croix, qui lui laisserait plus de latitude dans l'interprétation qu'une carte unique.

Évidemment, pensait-elle, que Romain avait lieu de se plaindre. Six ans plus tôt, avant qu'il ne décide d'aller filmer cette maudite manifestation, elle le sentait sur le point de prendre son envol. L'« incident » lui avait coupé les ailes. Le temps déjà de se reconstruire, et après il n'avait plus vécu que pour ça, pour qu'on reconnaisse le tort qui leur avait été causé, à lui et à ses proches. Le Covid avait eu des conséquences sur son entreprise aussi, il avait dû licencier. Comme six ans plus tôt, il songeait à présent à se retirer, à commencer autre chose. Mais elle sentait bien que tant que justice ne lui serait pas rendue, il ne parviendrait pas à vivre, que cette chose qui lui était arrivée le tirait en arrière, que tant qu'il ne pourrait pas s'exprimer...

Elle retourna la première carte. Le Pendu. Bingo, pensa-t-elle.

Elle vit l'inquiétude se peindre sur le visage de Romain, bien qu'il affectât d'en rire, et s'empressa de le rassurer. Certes, représentant un homme pendu par un pied à un arbre, les mains liées derrière le dos, la carte du Pendu symbolisait le sacrifice et le blocage. Mais dans cette situation peu confortable, le Pendu gardait un air assez serein, et associée à une autre carte, la lame pouvait prendre une signification plus positive. Elle se concentra et médita un instant avant de retourner une autre carte.

Le Bateleur.

Et d'un coup l'inspiration lui vint.

— Tu sais ce que je crois? dit-elle. Si jamais on ne te rend pas justice, je crois que tu devrais écrire un livre.

9

Le 10 février 2022, la chambre de l'instruction de la cour d'appel de Paris confirmait le non-lieu ordonné par le juge, écartant les conclusions du Défenseur des droits, autorité administrative indépendante, au motif que celles-ci ne pouvaient être assimilées à une expertise technique de l'utilisation des grenades par les policiers.

L'avocat forma immédiatement un pourvoi en cassation, mais ne fut pas surpris, quoiqu'un peu amer, quand Gilles, fou de rage et se déclarant prêt à vendre la maison du cap Ferret pour payer ses honoraires et obtenir enfin justice, décida de lui adjoindre un confrère plus illustre que lui – un ténor du barreau, comme on dit –, pour l'épauler dans cette tâche et porter l'affaire devant le tribunal administratif, afin que soit reconnue la responsabilité de l'État.

Dès le non-lieu, plusieurs avocats de renom avaient proposé leurs services à la famille, mais Romain avait toujours décliné, s'entêtant à faire confiance à celui qui l'accompagnait depuis son réveil pour mener la bataille jusqu'au bout. Il avait lu le mémoire rédigé par celui-ci à l'intention des magistrats de la chambre de l'instruction et l'avait trouvé formidable, l'avocat pointant méthodiquement et avec une absolue clarté les failles de l'ordonnance de non-lieu et notamment le fait que la notion de proportionnalité n'y était même pas évoquée. Quant aux témoignages cités en défense du policier, ils ne l'étaient qu'en raison d'une regrettable confusion des temporalités, les injures et les projectiles que les témoins avaient constatés ayant été lancés en direction des policiers *après* que Romain était tombé au sol, la foule auparavant bon enfant s'étant alors, de manière assez compréhensible, un peu énervée, d'où le lancer de bombes lacrymogènes. Romain était impatient de voir les réponses que la cour allait apporter à ces arguments selon lui assez imparables.

Il avait été, encore une fois, déçu.

Convoqué par courrier à l'audience d'appel, il s'était rendu au palais de justice le jour dit, pressé d'entendre la plaidoirie de son avocat et espérant, qui sait, pouvoir y prendre la parole, mais pour une raison qu'il n'avait pas comprise et que personne ne daigna lui expliquer, s'était vu interdire l'accès à la salle d'audience. Tout au plus, tandis qu'il attendait dans le couloir, avait-il pu entrevoir l'avocate de la partie adverse, une sommité médiatique spécialisée dans les affaires problématiques impliquant des policiers et dont on entendait de très loin les hauts talons résonner dans les couloirs du palais. À l'instar de la juge d'instruction cinq ans et demi plus tôt, elle avait serré la main de son avocat mais pas la sienne, se contentant de lui jeter un regard hautain, semblant indignée qu'il ose la lui tendre, et Romain mortifié avait dû admettre que malgré l'avis du Défenseur des droits, en cinq ans, rien n'avait changé, et que la justice de son pays continuait de le traiter en coupable.

Aussi est-ce sans surprise qu'il prit connaissance, trois semaines plus tard, de l'arrêt de la chambre de l'instruction, qui volait au secours de l'ordonnance de non-lieu et en corrigeait les erreurs manifestes, tout en reprenant les mêmes arguments et en arrivant à la même conclusion, sans répondre à aucune des objections soulevées par l'avocat dans son mémoire.

Cette fois, Romain et l'avocat, également dégoûtés, jetèrent l'éponge.

Avec élégance, l'avocat se mit à la disposition de maître S., l'illustre confrère que Gilles avait choisi, certain, en son âme et conscience, d'avoir fait tout ce qu'il avait pu et de n'avoir rien à se reprocher. Jamais, pensait-il, il n'aurait pu imaginer qu'une telle affaire soit ainsi enterrée, alors qu'il y avait objectivement tant de preuves permettant d'envoyer ce policier devant un tribunal. Jamais non plus il n'avait voulu tirer la couverture à lui, se servir de l'affaire pour booster sa carrière – sinon, bien sûr, s'il avait voulu se faire mousser, rien n'aurait été plus facile, il aurait fait le tour des plateaux, pris d'assaut les médias comme certains de ses confrères spécialisés dans les violences policières ne se privaient pas de le faire, politisant l'affaire, attaquant les institutions. Sauf que lui, l'avocat, il leur faisait confiance, aux institutions, et dans les jours assez fous qui avaient suivi le drame, tandis que Romain était encore dans le coma, il avait respecté le souhait de ses parents, n'allant sur BFM que pour obtenir qu'un juge d'instruction soit désigné, pensant ensuite que Romain, une fois réveillé, n'avait aucun intérêt à être ainsi exposé et qu'il avait autre chose à faire que de devenir le porte-parole des victimes de violences policières, et en tout premier lieu se reconstruire. Il n'avait pensé qu'à l'intérêt de Romain, toujours. Et cette fois encore, convenant qu'à ce stade un avocat ayant une plus grande surface médiatique lui serait sans doute utile, il l'encouragea à accepter la proposition de son père, et Romain s'inclina, s'inquiétant seulement du montant des honoraires que maître S. allait leur facturer – mais celui-ci s'empressa de le rassurer : comme son confrère, il travaillerait bien entendu *pro bono*.

10

Lorsqu'il prit conscience qu'il n'aurait, selon toute vraisemblance, jamais droit à un procès – ses deux avocats ne lui avaient guère laissé d'illusions, sachant que la Cour de cassation ne jugeait que la forme et non le fond –, Romain se retrouva devant le vide. Il comprit alors combien, durant toutes ces années, la perspective de se trouver face à celui qu'en son for intérieur il nommait son « agresseur » l'avait soutenu et porté.

Inlassablement, il continuait à éplucher dans la presse tous les articles se rapportant à des cas plus ou moins similaires au sien. Interpellé en 2017 par trois policiers, Théo Luhaka avait été grièvement blessé à l'anus par un coup de matraque. Trois ans plus tard, ses agresseurs avaient été mis en examen et envoyés devant les assises. Leur procès faisait les gros titres des journaux. S'agissait-il de légitime défense ? La réponse des policiers était-elle proportionnée ? Des vidéos étaient projetées à l'audience, disséquées par les magistrats devant les jurés, des témoins étaient entendus, il y avait débat public et contradictoire.

Pourquoi n'ai-je pas eu droit à tout ça ? se demandait Romain.

Lorsqu'il lut dans *Le Monde* que les policiers, au deuxième jour du procès, avaient présenté leurs excuses à Théo, la pensée le traversa que « son » policier à lui non seulement n'avait jamais exprimé le moindre regret, mais ne s'était jamais inquiété de son état lorsqu'il était dans le coma, n'avait jamais pris de ses nouvelles par la suite. Sans doute sa hiérarchie le lui avait-elle interdit. Auquel cas, se disait Romain, il aurait pu se retourner contre elle, sa hiérarchie, qui lui avait menti lors de sa formation en lui faisant croire que ces grenades étaient inoffensives, faisant de lui un criminel involontaire. Ou peut-être, c'était le plus probable, n'en avait-il rien à foutre, et dormait-il chaque nuit du sommeil du juste, droit dans ses bottes, avec le sentiment du devoir accompli.

Établir la responsabilité de l'État dans l'« incident » qui avait failli coûter la vie à Romain était tout l'objet de la requête introduite par maître S. auprès du tribunal administratif. Déboutée au pénal, la famille de Rémi Fraisse s'était elle aussi tournée vers la justice administrative, qui tout en écartant l'existence d'une faute commise par les forces de l'ordre avait retenu la « responsabilité sans faute » de l'État, et accordé à ses parents d'importants dommages et intérêts au titre du préjudice moral. Les dédommagements financiers intéressaient peu Romain. La reconnaissance de la responsabilité de l'État, en revanche, ça oui, il était preneur, ça lui aurait mis un peu de baume au cœur, aurait atténué le sentiment d'injustice dont il ne pouvait se défaire. En vain essayait-il de passer à autre chose, de se dire que somme toute, il s'en était bien sorti, qu'au regard de toutes les atrocités qu'on voyait dans le monde, son histoire n'avait que peu d'importance. Le 24 février 2022, juste après la confirmation du non-lieu en appel, les chars russes étaient entrés en Ukraine, et Nastassja avait pleuré pendant des jours, avec un horrible sentiment de trahison. Elle s'investissait à présent dans l'accueil des réfugiés, malgré les injures et les malédictions qui fusaient dès que ceux-ci l'entendaient parler russe, tentait au téléphone de réconforter son père, dont la femme, ukrainienne, était partie peu après l'invasion, leurs trois enfants sous le bras, de réconforter aussi sa grand-mère qui avait grandi à Kharkiv et dont la mère était enterrée là-bas. Tous les Russes que Nastassja connaissait avaient des liens familiaux avec l'Ukraine, et nombreux étaient les couples qui, comme celui de son père, avaient explosé dès les premières semaines de l'« opération spéciale ». Sans compter, évidemment, toutes les familles brisées par la perte d'un proche, les mutilations, les viols. Nastassja pestait contre la résilience des Russes, cette foutue résilience, disait-elle, qui les rendait capables de regarder *Le Lac des cygnes* à la télé pendant que les tanks avançaient. Au lieu de virer Poutine ils se débrouillaient pour survivre, malgré les sanctions occidentales ils trouvaient des combines pour importer, s'arrangeaient pour continuer à utiliser leurs cartes bancaires en se créant un compte en Turquie, à voyager à l'étranger en se faisant faire un passeport arménien, même si les gens ne se faisaient pas confiance, ils s'entraidaient quand même, par habitude, c'était un vieil héritage de l'Union soviétique. Les Français, en comparaison, semblaient à Nastassja terriblement égoïstes, ils ne se rendaient pas compte de la chance qu'ils avaient, que l'État fournisse des solutions à tous leurs problèmes, le niveau des hôpitaux, le droit de manifester, sans doute la justice avait-elle ses défauts, mais en Russie il n'y avait même pas de loi contre les violences conjugales, Romain se rendait-il compte ?

Romain se rendait compte.

Devant Nastassja, il faisait profil bas, parlait peu de ses états d'âme et se contentait de la soutenir de son mieux. De toute manière, il avait revu depuis longtemps ses ambitions à la baisse, et s'était résigné à la pensée qu'il n'était pas un héros, pas même un martyr, résigné à la pensée que pas plus que le reste, ce qui lui était arrivé n'avait de sens. Autour de lui, tout se délitait. Lors des émeutes qui suivirent la mort de Nahel, ce jeune garçon tué à bout portant d'une balle dans la tête par un policier, il marcha toute une nuit dans les rues de Paris en regardant les incendies, ces gamins qui hurlaient leur haine, fasciné. Lui qui n'avait jamais manifesté auparavant commença à fréquenter les manifs, pas par provocation, non, juste parce qu'il en avait le droit, et que ce droit, il était important d'en profiter, avant que ce pays lui aussi bascule dans la dictature – lorsque justice n'était pas rendue, pensait Romain, on n'en était jamais loin. Surtout parce que voir, sentir, humer de près la révolte lui faisait du bien.

Il accueillit avec une relative indifférence la décision de la Cour de cassation, le 4 octobre 2023, qui rejetait le pourvoi et enterrait définitivement l'affaire au pénal, mais fut frappé de stupeur en lisant le mémoire en défense rédigé par le ministère de l'Intérieur, en réponse à la requête formulée par maître S.

L'ordonnance aux fins de non-lieu du 30 septembre 2020 comportait, on l'a dit, plusieurs inexactitudes. Elle affirmait entre autres que durant son entretien avec la juge d'instruction, Romain avait expliqué « avoir participé à la manifestation ». Romain n'avait évidemment jamais fait une telle déclaration, puisque ce n'était pas le cas, et il avait relu le compte rendu d'audition avant de le signer, son avocat aussi, c'était donc, purement et simplement, un mensonge. L'avocat n'avait néanmoins pas jugé utile de rectifier ce fait dans son mémoire à la chambre de l'instruction, jugeant que ce n'était pas le sujet, puisque même un manifestant, du moment qu'il était pacifique, n'avait pas à se prendre une grenade dans la tête, en sorte que l'arrêt confirmant le non-lieu avait repris l'affirmation telle quelle. Le ministère de l'Intérieur s'était engouffré dans la brèche, et prétendait à présent que Romain, « *après avoir participé à la manifestation du 26 mai* », s'était maintenu à proximité immédiate des échauffourées et ce, alors que les marques d'hostilité envers les forces de l'ordre étaient constantes. « *Qu'il faisait partie du groupe menaçant* » qui entourait les policiers retranchés dans la résidence. « *Qu'il avait parfaitement conscience du danger* » et s'était maintenu sur les lieux « *en toute connaissance de cause* ». Et en conséquence, que dans le cas – improbable – où l'État serait déclaré responsable de ce qui lui était arrivé, le ministère se déclarait prêt à rembourser à la Sécu ses frais d'hospitalisation, moins la part de la faute imputable à la victime.

Ces derniers mots l'avaient tué.
Sa faute.
Dès le départ, Romain avait senti que la juge d'instruction

ne l'aimait pas, aussi lorsqu'après des années d'instruction, le non-lieu avait fini par tomber, ça n'avait pas été vraiment une surprise. La décision de la cour d'appel de la chambre de l'instruction avait été plus difficile à encaisser, car cette fois ce n'était pas une petite juge seule dans son coin, si ravissante soit-elle, mais les juges de toute une chambre qui avaient rejeté son appel. Lisant à présent ce que le ministère de l'Intérieur écrivait de lui, le doute n'était plus permis à Romain : c'était l'État lui-même, la société tout entière qui ne l'aimait pas.

Malgré tout, cela faisait un choc.

Tant d'actes de procédures, tant d'argent public dépensé, tant de temps passé et de fonctionnaires employés, pensait-il, dans l'unique et ultime but, c'était à présent évident, de le salir. Tant que l'attente durait, il s'était efforcé de trouver du positif partout : quand c'était positif, parce que c'était positif, quand c'était négatif – sa crise d'épilepsie par exemple – parce que cela rendait flagrant, incontestable, le préjudice qu'il avait subi et que c'était bon pour son dossier, gardant l'espoir qu'un jour il obtiendrait réparation. À présent c'était terminé. Ça avait mis du temps à lui rentrer dans la tête mais cette fois ça y était. Il lui apparaissait enfin, avec une éblouissante clarté, que non seulement ni le policier ni l'État ne reconnaîtraient jamais leur responsabilité, non seulement Romain ne toucherait jamais un centime de dommages et intérêts, mais que s'il s'en sortait sans devoir rembourser ses frais d'hôpital, il devrait s'estimer heureux.

Alors, il commença à se laisser couler.

11

« Tu crois m'aimer mais tu ne t'es jamais intéressé à moi. Jamais tu ne m'as demandé ce que je voulais faire de ma vie. Oui, on s'est aimés, mais c'était un amour qui m'étouffait. Tu n'as toujours pensé qu'à toi.

— C'est pour ça que tu es partie sans un mot, du jour au lendemain ? Tu ne pouvais pas m'expliquer ça ? »

Fadia se tait. Silence. Victor reprend : « Je peux changer. Je peux faire quelque chose de ma vie. Je vais arrêter les conneries.

— Je, je, je, c'est toujours pareil. Tu comprends pourquoi je suis partie ? Je n'ai jamais existé avec toi.

— Je vais arrêter de parler de moi. Je vais arrêter d'attendre le jour où la chance viendra enfin me révéler mon destin. Mon destin c'est toi. »

Gilles appuya sur le bouton « enregistrer », satisfait, et se leva de son bureau. C'était de loin ce qu'il préférait dans l'écriture, ce moment où il mettait le point final à un scénario. Comme les autres, ce projet ne verrait sans doute jamais le jour, mais l'écrire lui avait fait du bien, lui avait permis d'évacuer un peu de la colère qui brûlait en lui. Le personnage de Victor, détruit par une rupture amoureuse, était directement inspiré de Romain, celui de Fadia un mélange de sa première petite amie, qui était libanaise, et de Nastassja. Dans le film, elle devenait une terroriste du Hezbollah, qui de retour en France après des années d'absence, se faisait exploser à la fin dans un bus, entraînant Victor dans la mort avec elle. Une fin tragique et évidemment symbolique dans l'esprit de Gilles, une métaphore de la façon dont ce qui était arrivé à Romain avait bouleversé leur vie.

Il prit sa canne pour se rendre au restaurant où il avait rendez-vous avec son fils. Depuis plusieurs mois, son genou le faisait terriblement souffrir, mais il ne se décidait pas à se faire opérer. Il aurait pu rester déjeuner chez lui, ce qui lui aurait évité cette pénible marche de quelques centaines de mètres, mais inviter son fils à déjeuner dehors était le seul moyen qu'il ait trouvé pour le faire un peu parler, renouer un semblant de dialogue avec lui.

Romain lui faisait tant de peine. Il avait vendu ses parts de son entreprise à son associé, vendu aussi le studio que ses grands-parents maternels lui avaient légué – ses deux sœurs en avaient également reçu un chacune –, et était revenu s'installer chez ses parents. Il passait ses journées enfermé dans sa chambre, à fumer du shit, comme il ne l'avait plus fait depuis son adolescence. Gilles ne savait pas trop où il en était avec Nastassja et n'osait pas lui poser la question, visiblement ils se voyaient toujours, sans doute s'aimaient-ils encore, mais vivre ensemble ne semblait plus pour eux à l'ordre du jour.

Romain l'attendait, assis au bar.

— Comment va, fiston ?
— Ça va.

Gilles n'en croyait pas un mot.

Romain le faisait penser à ces enfants qui serrent les dents pour ne pas pleurer, dont les parents disent qu'il n'a pas mal et courent réconforter un autre enfant qui, lui, n'a rien mais qui hurle très fort – dans cette image, les parents n'étaient pas Agnès et lui, bien sûr, mais l'État. L'un des flics retranchés dans le jardinet de la résidence et soi-disant agressés par la foule s'était vu prescrire cinq jours d'ITT parce qu'il avait reçu un projectile sur son casque, alors que le seul projectile vu sur les vidéos par le Défenseur des droits était une bouteille de plastique vide. Dans ce monde, pensait Gilles, on ne récompensait décidément ni la dignité ni le courage. Moralité, pendant les manifs aujourd'hui on entendait davantage parler de gens qui avaient eu de simples bobos que de Romain qui avait failli y rester, et à qui on refusait même le statut de victime, le droit de souffrir de ce qu'on lui avait fait.

Pendant quelques minutes ils échangèrent des banalités, Romain s'enquit de l'avancée des projets de son père, comme toujours s'intéressant aux autres et évitant de parler de lui. Puis Gilles lui raconta le rêve qu'il avait fait la nuit précédente, toujours le même, à quelques variantes près, cette fois ce n'était pas le flic mais le préfet et le juge qui avait confirmé le non-lieu qu'il avait enfermés dans une cave avant de leur balancer une grenade par un soupirail en disant : « Tenez, prenez-la, vous, cette grenade, vous verrez ce que ça vous fait, puisque ça fait rien soi-disant, puisque c'est pas létal. J'espère que vous aurez plus de chance que mon fils. » Et il s'étonnait lui-même de prononcer chaque fois en rêve cette dernière phrase – comme quoi, il avait un bon fond.

— Pourquoi le préfet ? demanda Romain.

Évidemment, pensa Gilles, le préfet, Romain ne l'avait jamais rencontré, quand ils avaient eu affaire à lui il était encore dans le coma, il n'avait pas pu voir comment celui-ci avait continué à leur mentir, à Agnès et à lui, alors même que les vidéos étaient sorties et qu'ils étaient au chevet de leur fils mourant, comment il les avait regardés dans les yeux en les baladant avec ses plots métalliques et ses boules de pétanque.

Romain haussait les épaules. Quand bien même, dans l'hypothèse la plus complotiste, le préfet avait donné des instructions pour essayer de couvrir le truc, il faisait juste son taf, essayait de sauver son poste, non le pire selon lui c'était la justice. Quand on pense aux juges qu'on voit dans les films, disait-il, magnifiques, admirables, pleins de la sagesse et de l'intelligence que donne l'expérience de la vie, et qu'on est reçu par une juge qui vous traite comme un suspect et refuse de vous serrer la main...

Une carriériste, approuvait Gilles, d'ailleurs ce n'était pas elle qui avait rédigé l'ordonnance de non-lieu, ayant sans doute entre-temps été appelée à de plus hautes fonctions. Et celui qui avait confirmé le non-lieu, continuait-il, un homme celui-ci, que Romain n'avait pas eu le privilège de rencontrer puisqu'il n'avait pas eu le droit de rentrer dans la salle après avoir été dûment convoqué par courrier et avoir attendu trois heures...

Ce qui en soi n'était pas grave, continuait Romain, mais sur le principe, disons... révélateur, intéressant, qu'on laisse les coupables assister à l'audience mais pas les victimes, lui n'avait même pas eu le droit d'entrer pour savoir pourquoi il devait rester dehors.
Épouvantable de mépris pour la victime, concluait Gilles.

Quant au camion, Gilles savait que tout le monde le prenait pour un fou, mais bien sûr il ne pensait pas qu'on ait voulu tuer Romain. Simplement les flics avaient sous-estimé la gravité de l'état de Romain et avaient voulu couvrir leurs camarades, sinon il n'y avait aucune explication au fait qu'on ait mis si longtemps à emmener Romain à l'hôpital, qu'on ait continué à jeter des lacrymos, que Romain ait prononcé les mots « Pas un CRS, un manifestant » en se réveillant du coma. C'était une succession d'erreurs de jugement, un mélange de lâcheté, de complicité, de petits arrangements entre amis pour protéger un gouvernement. Mais ce qui était grave, c'était le refus par la suite de reconnaître ces erreurs. Car que la famille se trompe, qu'elle soit excessivement parano, on ne pouvait à la limite pas l'exclure, mais balayer ainsi le Défenseur des droits, trois ans d'enquête...

Une fois qu'ils étaient lancés, ça pouvait continuer comme ça pendant des heures, en boucle, jusqu'au moment où ils se taisaient, ne trouvant plus rien à se dire.

Ils se séparèrent sur le trottoir, et Gilles regarda immobile son fils s'éloigner, se demandant ce qui l'attendait à présent, où il en serait dans dix ans. Tandis qu'il se mettait en marche pour rentrer chez lui, un groupe de jeunes gens rieurs lui barra la route sur le trottoir et Gilles les écarta impatiemment de sa canne, furieux de leur gaieté, de leur insouciance. Cette fois, c'était acté, se dit-il avec une sombre ironie en reprenant sa route : il était devenu un vieux con.

12

L'enfoiré, pensa Judith.

En parcourant la nouvelle liste de noms de professionnels du cinéma accusés de violences sexuelles qui venait d'être publiée sur Instagram, elle n'avait pas été surprise de trouver, tout en bas – il n'était pas encore très connu –, celui de Noam. Certes, il n'avait jamais levé la main sur elle, sans doute leur histoire n'avait-elle pas duré assez longtemps pour ça : dès qu'il s'était rendu compte que bien qu'assistante réalisatrice, elle ne lui servirait à rien pour décrocher un rôle, Noam l'avait larguée sans demander son reste. Elle n'en avait pas souffert, à peine avait-elle éprouvé une petite blessure d'ego, car elle ne se racontait pas d'histoire, leur relation était purement physique, elle savait depuis le début que c'était un connard, ce qui ne l'empêchait pas de ressentir pour lui une puissante attraction – ce foutu *sex-appeal* des *bad boys*. Avec le recul, elle se demandait même s'il ne s'était pas rapproché d'elle uniquement à cause de ce qui arrivait à Romain, afin d'en profiter pour faire le buzz, pour braquer les projos sur lui.

Son frère était encore dans le coma quand Noam avait mis un post indigné sur Instagram, racontant toute l'histoire et dévoilant même l'identité de Romain, à un moment où ses parents et l'avocat avaient décidé de ne pas communiquer. Quand elle lui en avait fait le reproche, il avait supprimé le post, qui lui avait quand même rapporté une bonne centaine de *followers* – c'était toujours bon à prendre.

Mais pouvait-on attendre autre chose, soupira-t-elle, de la part d'un acteur.

Oui, elle était désabusée. Ce métier, tel qu'on le pratiquait aujourd'hui, l'avait déçue. Grâce aux nouvelles réglementations sur la parité qui forçaient les boîtes de production à embaucher davantage de réalisatrices, elle s'était vu récemment proposer la mise en scène de plusieurs épisodes de séries télévisées de prime time, mais elle avait décliné, refusant de mettre un tant soit peu de son âme dans une fiction qu'en tant que spectatrice elle n'aurait eu aucun plaisir à regarder. Si c'était pour n'avoir aucune liberté et devoir réaliser des choses aussi formatées, autant rester assistante. Et pour ce qu'elle avait envie de filmer, les histoires un peu déjantées, fantastiques, voire carrément gore qu'elle aimait imaginer, personne ne semblait avoir d'argent. Même les producteurs de cinéma ne voulaient que des comédies, ou alors du social, or elle, la fiction « réaliste » ne l'intéressait pas. Tant qu'à faire, se disait Judith, autant filmer la réalité tout court. La rencontre avec le photojournaliste qui avait secouru Romain avait été pour elle un choc : il lui avait semblé si pur, si sincèrement passionné et convaincu de l'importance de ce qu'il faisait, qu'elle s'était sentie inspirée.

Comme il n'était pas question pour elle de se rendre sur une zone de guerre – elle était bien trop froussarde pour ça –, elle s'était essayée, modestement, au documentaire, sa fantaisie s'exprimant dans le choix de ses sujets, toujours un peu étranges. Son premier film avait pour objet un vieux singe du Jardin des Plantes, et il avait été sélectionné dans plusieurs festivals. Au cours de l'un d'entre eux, organisé à Bordeaux, elle rencontra Gaspard, un garçon de son âge, auquel elle trouva d'emblée beaucoup de qualités : Gaspard était beau comme un acteur, mais n'était pas un acteur – il travaillait dans une librairie, et partageait sa passion pour James Ellroy. Il avait une gentillesse d'une autre époque, faisait les liaisons quand il parlait mais sans aucune affectation, avec naturel et une pointe d'accent chantant. Il était doux, attentionné, lui avait fait une cour discrète à laquelle elle avait vite succombé, bien que pendant plusieurs mois leur relation soit restée en grande partie épistolaire, se limitant à des échanges de textos de plus en plus démesurés. Au contraire de Noam, Gaspard s'intéressait aux autres, sincèrement, sans penser au bénéfice personnel qu'il pourrait tirer d'une relation avec eux. Il lui ouvrait des horizons, elle lui en ouvrait d'autres. Lorsqu'elle décida de partir au Chili pour assister au mariage d'un de ses amis qui s'était exilé là-bas six ans plus tôt, elle lui proposa de la rejoindre et de fêter son anniversaire en Patagonie avec elle. Gaspard n'avait jamais pris l'avion, et à peine avait-il embarqué que l'aile de l'appareil avait pris feu, ce qui les avait fait beaucoup rire, mais ne l'avait aucunement découragé – tout au plus avait-il raté son anniversaire. Ensemble ils avaient parcouru les glaciers de Patagonie, traversé les déserts volcaniques à cheval – un baptême de cavalier pour Gaspard, là encore.

C'est là qu'un soir, autour d'un feu de camp, elle s'était décidée à lui raconter l'histoire de Romain, elle qui n'en parlait plus depuis longtemps, car elle ne supportait plus l'incrédulité qu'elle rencontrait. C'était toujours la même chose. Lorsqu'elle terminait son récit en disant que son frère n'avait jamais eu droit à un procès, que le policier qui avait lancé la grenade avait bénéficié d'un non-lieu, même pas à cause de la prescription, comme c'était trop souvent le cas pour les violences sexuelles, ni par manque de preuves puisque les vidéos étaient là, elle sentait bien qu'on ne la croyait pas, qu'en face d'elle les gens pensaient qu'elle devait exagérer, que pour qu'il n'y ait pas eu de procès, ça n'avait sûrement pas été si grave que ça.

Cela paraissait si fou.

Alors, elle avait cessé d'en parler, gardant cela enfoui, comme une blessure pas complètement refermée, la clé de sa méfiance nouvelle envers le monde, sachant bien pourtant qu'elle en avait été changée, profondément, au point qu'on ne pouvait prétendre la connaître vraiment si on ne connaissait pas cette histoire.

Gaspard, comme elle s'y attendait, non seulement l'avait écoutée, non seulement l'avait crue, mais avait partagé sa colère. Toute la nuit, ils avaient parlé de la violence d'État, de la violence légitime, Gaspard avait cité tout un tas de références dans l'histoire, la littérature, et même dans la philosophie dont elle ne se souvenait plus très bien mais rien que l'écouter l'apaisait, il dégageait une telle sérénité, un tel calme, et malgré tout une si profonde joie de vivre que dès leur retour, elle n'avait plus eu qu'une envie : rester pour toujours à ses côtés, et quitter Paris.

13

Mai 2024 – cap Ferret

À peine arrivée, Françoise, fatiguée du voyage, avait gagné sa chambre. Doucement, Agnès entrouvrit la porte et vit qu'elle s'était étendue sur son lit, et s'était assoupie. Elle jeta un coup d'œil à sa montre, et décida de profiter de la sieste de sa belle-mère pour aller nager dans l'océan.

Au départ, elle avait projeté de venir passer ces quelques jours au Ferret seule, mais quand elle l'avait annoncé à Françoise, celle-ci avait eu l'air si désemparée qu'Agnès avait craqué et lui avait proposé de l'accompagner. Françoise avait beaucoup maigri ces derniers mois, il fallait surveiller qu'elle s'alimentait bien, chaque centaine de grammes comptait, et Agnès était la seule à savoir empêcher sa belle-mère de se laisser dépérir.

Elle retira en soupirant de sa valise le combi-short en néoprène qu'elle avait acheté à Paris avant de partir. Jusqu'ici, elle s'en était toujours passée, se baignant dans l'océan par tous les temps, mais avec l'âge elle devenait frileuse. Elle l'enfila, attrapa une serviette de plage, laissa sa valise ouverte et passa le portillon pour emprunter la route qui menait jusqu'aux dunes. À mesure qu'elle s'éloignait de la maison, son cœur battait plus fort. Elle n'y attacha d'abord pas d'importance, pensa simplement qu'elle manquait d'exercice. Mais arrivée au pied des dunes, alors même qu'elle n'avait pas encore commencé à les gravir – le sentier était raide –, elle s'arrêta, inquiète. Son cœur battait à présent la chamade, comme si son corps, pensa-t-elle, essayait de lui dire quelque chose. Saisie d'un pressentiment, elle fit demi-tour et retourna vers la maison d'un pas de plus en plus pressé, jusqu'au moment où elle se mit à courir. Elle arriva hors d'haleine, ouvrit brusquement la porte de la chambre de Françoise sans frapper. Celle-ci se trouvait exactement dans la même position que quelques minutes auparavant, immobile. L'arrivée d'Agnès, cependant, la réveilla. Elle ouvrit les yeux, tourna le visage vers la porte, et esquissa un léger sourire en la voyant. Dieu merci, elle était vivante. Agnès, soulagée, se confondit en excuses, referma la porte en lui disant de se rendormir, et sortit sur la terrasse où elle se laissa tomber sur une chaise, tremblante, se forçant à respirer le plus profondément possible afin de se remettre de sa frayeur.

Au bout de quelques minutes, lorsque son cœur reprit un rythme normal, elle releva la tête, et contempla le jardin, les rhododendrons en fleurs.

C'était, de nouveau, le mois de mai.

Comme huit ans auparavant, elle écouta le bruit de la mer.

Comment appelait-on cet état qui était le sien de manière permanente depuis ce jour-là ? Ce sentiment que tout, à chaque instant, pouvait arriver ? Même le pire. Surtout le pire.

L'intranquillité.

Elle n'était pas seule à le ressentir, beaucoup de gens autour d'elle le disaient : en quelques années, le monde était devenu incomparablement plus anxiogène. Certains dataient ce changement du Covid, d'autres le faisaient remonter aux attentats du Bataclan. Mais dans son calendrier intime, personnel, tout avait commencé ce jour-là, le 26 mai 2016. Quelque chose dans les astres avait dû tout dérégler. Ensuite, tout était parti en vrille, il y avait eu la pandémie, la guerre en Ukraine, jusqu'au massacre du 7 octobre en Israël, et elle s'était réjouie que sa mère soit morte à temps pour ne pas voir ça, elle qui était fille de rescapés des camps de la mort.

Comment, en huit ans, le monde avait-il pu ainsi basculer dans la terreur ?

Depuis le 26 mai 2016, plus jamais elle n'avait passé une nuit tranquille.

« Au cas où » était devenu sa devise.

Quand elle arrivait au Ferret, elle ne défaisait plus sa valise, au cas où elle devrait repartir en urgence. N'éteignait jamais son téléphone, au cas où. Ne parvenait plus à regarder les infos sans que son ventre se noue. Parfois même, elle se mettait à pleurer en les regardant – trop d'empathie, cela avait toujours été son problème.

Elle était fatiguée. Elle n'en pouvait plus de s'inquiéter pour les autres, de s'inquiéter toujours. Pour Romain, évidemment, au premier chef, malgré le retour de Nastassja et leur réconciliation, qui lui avait mis un peu de baume au cœur même si elle avait du mal à suivre leur relation chaotique, mais qui n'empêchait pas Romain, depuis le rejet du pourvoi en cassation, de s'enfoncer chaque jour un peu plus. Tant qu'il y a de la vie, il y a de l'espoir, dit le proverbe. Il semblait à Agnès que c'était plutôt l'inverse. L'espoir d'un procès avait maintenu Romain en vie, à présent quelque chose en lui s'était éteint, et elle ne savait plus comment l'aider.

Depuis l'annonce du rejet définitif, Clotilde ne décolérait pas, s'indignant que personne ne semble avoir pensé une seconde que pour son frère, pour sa reconstruction psychique, un procès aurait été important. Une sanction, même légère, pour dire qu'il y avait eu sinon faute, à tout le moins une erreur de jugement du policier. Quand on sait, répétait-elle, combien c'est important pour les victimes, que ce soit de viol ou d'attentat, à quel point c'est nécessaire pour qu'ils puissent se reconstruire ! Elle enrageait qu'à l'hôpital personne n'ait même proposé à Romain de voir un psy, racontait comment elle-même, face à des patientes atteintes de stress post-traumatique à cause d'un accouchement qui s'était mal passé, consacrait des heures à décortiquer les faits avec elles, à leur expliquer les décisions qui avaient été prises, pour donner un sens aux choses. C'était une condition indispensable, affirmait-elle, pour que ces patientes puissent se reconstruire et se projeter, éventuellement, dans une nouvelle grossesse. Agnès acquiesçait, impuissante.

Elle-même se reprochait tant de choses.

De ne pas avoir essayé, dès le début, de faire plus de bruit dans les médias. De ne pas avoir insisté, ensuite, pour que Romain ait un vrai suivi médical. Elle voyait bien qu'il était toujours dans le déni de ses séquelles, jouait avec le feu tout le temps, faisait toujours renouveler ses ordonnances de Kepra par Sandro au dernier moment – et quand, enfin, il consentait à voir un neurologue, c'était pour prétendre devant lui que tout allait très bien. Elle appréhendait le moment où il allait se réveiller, prendre pleinement conscience de ce qui lui était arrivé, et en même temps c'était affreux à dire mais elle avait hâte qu'il parte de la maison, elle n'en pouvait plus d'avoir sans arrêt peur pour lui, de s'inquiéter quand il ne rentrait pas, et plus elle avait hâte, plus elle se sentait coupable.

Elle tremblait aussi pour Gilles, qui ne cessait de répéter qu'un jour il allait faire une connerie, qui avait troqué sa canne contre une canne-épée dénichée dans une brocante, disant que si quelqu'un l'agressait avec un couteau dans le métro il pourrait ainsi se défendre, c'était fou, et en d'autres temps cela aurait sans doute fait rire Agnès, mais le pire était qu'il avait raison, aujourd'hui tout était possible.

Quant à Judith, Agnès n'avait pas été étonnée quand elle lui avait fait part de sa décision de déménager et de s'installer à Bordeaux. Soulagée plutôt, car à son retour du Chili elle s'était montrée si enthousiaste que sa mère avait craint que sur un coup de tête elle et son nouvel amoureux émigrent en Amérique du Sud. Elle sentait chez sa cadette une telle révolte, un tel besoin de rupture. Bordeaux était un moindre mal – de surcroît, ce n'était pas loin du cap Ferret. Ce qui ennuyait davantage Agnès, ou du moins la troublait, était la certitude affichée par

Judith qu'elle n'aurait jamais d'enfant. Même si, au fond, Agnès la comprenait, c'était une pensée déprimante. Elle qui avait passé sa vie à mettre des bébés au monde s'interrogeait : si elle avait l'âge de Judith, en voudrait-elle un aujourd'hui ? Le monde allait si mal.

Voyant que Françoise ne sortait pas de sa chambre, Agnès en conclut qu'elle s'était sûrement rendormie. Elle se leva, sortit à nouveau de la maison, marcha en direction de l'océan, monta sans difficulté le petit sentier à pic qui traverse les dunes, passa sans le voir devant le panneau familier qui avertissait les baigneurs de la présence de courants dangereux – les baïnes – et descendit sur la plage. L'océan était inhabituellement calme. De petites vaguelettes venaient mourir sur le sable, dans un bruit doux de froissement d'étoffe. Elle entra dans l'océan en oblique, marchant vers l'horizon. Au loin, des chevaux galopaient sur le sable. L'eau lui arrivait à la taille. Elle pivota d'un quart de tour et continua à avancer. Dans quel livre de son enfance un cheval avançait-il ainsi dans l'eau, puis se mettait à nager avec son petit cavalier vers l'horizon ? *Crin-Blanc*. Pendant longtemps, elle avait cru à une fin heureuse. Quand elle avait compris que le petit cavalier – quel était son nom, déjà ? elle ne s'en souvenait plus – et son cheval allaient forcément mourir, elle avait beaucoup pleuré.

Elle aussi allait mourir. Un jour. Mais pas maintenant.

Comme toujours, l'océan la prenant dans ses bras l'apaisait, la consolait de tout. Elle prit une grande inspiration, plongea, puis se mit à nager vers l'horizon, et pour un moment du moins, elle oublia sa peur.

Composition : PCA.
Achevé d'imprimer
sur Roto-Page
par l'Imprimerie Floch
à Mayenne, en décembre 2024.
Dépôt légal : décembre 2024.
Numéro d'imprimeur : 106048.

ISBN 978-2-07-309775-0 / Imprimé en France.

646480